PIXAR
MUSEUM
픽사 애니메이션 스튜디오

픽사 애니메이션 스튜디오의 이야기와 예술

사이먼 비크로프트 글 | 롭 워드 디자인 | 김다은 번역

appletree
tales

A STUDIO PRESS BOOK
First published in the UK in 2021 by Studio Press,
an imprint of Bonnier Books UK Limited,
4th Floor, Victoria House,
Bloomsbury Square,
London
WC1B 4DA

Written by Simon Beecroft
Edited by Sophie Blackman
Designed by Rob Ward
Production by Emma Kidd

픽사 애니메이션 스튜디오 처음 펴낸날 2022년 12월 5일 | 지은이 사이먼 비크로프트 | 디자인 롭 워드 | 옮긴이 김다은
펴낸이 김옥희 | 펴낸곳 애플트리태일즈 | 출판등록 (제16-3393호)
주소 서울시 강남구 테헤란로 201(아주빌딩), 501호 (우)06141
전화 (02)557-2031 | 팩스 (02)557-2032 | 홈페이지 www.appletreetales.com | 페이스북 https://www.facebook.com/appletales
트위터 https://twitter.com/appletales1 | 인스타그램 @appletreetales, @애플트리태일즈
가격 33,000원 | ISBN 979-11-92058-11-5 (03680)

픽사 애니메이션 스튜디오

P I X A R
MUSEUM

1

1: 미스터 인크레더블

슈퍼 히어로들의 황금기를 보여 주는 멋진 포스터. 폴 로저스^{Paul Rogers}의
디지털 아트로, 밥 파르의 서재 벽 장식용으로 제작된 잡지 표지와 신문
기사들 중 하나.

들어가는 글

1: 지름길
밝은 빛이 내리쬐는 파리의 명소와 대비되어 어둠 속 쥐 형제, 레미와 에밀의 모습이 돋보이는 로버트 콘도 Robert kondo의 〈라따뚜이〉 디지털 콘셉트 페인팅.

무엇보다 중요한 것은 이야기다.
이것이 픽사 애니메이션 스튜디오의 원칙이다.
제작자들은 이야기를 중심으로 모든 것을 결정하고
영화 속 픽셀 하나하나까지도 전부 이야기의 일부여야 한다고 믿는다.
35년이 넘는 시간 동안 픽사는 세상의 보편적인 진리를 탐구해 왔다.
어른, 아이 할 것 없이 전 세계의 관객들은 픽사의 상상력에 매료되었다.
픽사가 들려주고자 하는 이야기는 우리의 삶과 맞닿아 있다.
스크린 속 인물들은 장난감이나 몬스터, 자동차, 물고기지만
깊이 들어가 보면 그 이야기는 인간의 삶에서 시작된다.

픽사는 현실감과 활기가 넘치는 세상을 스크린 위에 옮겨 몰입감 넘치는 경험을 선사한다. 모든 영화의 인물과 세트는 스튜디오 아티스트들의 손끝에서 공들여 빚어져 생명을 얻게 된다. 이 책에서 바로 그러한 픽사 아티스트들의 환상적인 작업을 자세히 들여다볼 수 있다. 콘셉트 아트부터 스토리보드, 컬러 스크립트까지 픽사의 장·단편 애니메이션을 탄생시킨 자료들을 엄선해 담았다.

픽사의 영화가 사랑받는 이유는 영화 속에 담긴 이야기에서 관객들이 정서적인 유대감을 느끼기 때문이다. 이 유대감을 통해 관객들이 영화 속 인물들에 공감하고, 더 멀리 모험을 떠나고, 나아가 자기 자신을 조금 더 깊이 이해하게 되기를 소망한다. 이러한 소망이 이루어졌을 때 영화는 영화 이상의 존재가 된다. 관객 자신들의 추억과 경험, 각자의 이야기로 승화되는 것이다.

이 책에는 픽사가 어떻게 영화를 만드는지에 대한 이야기가 담겨 있다. 큰 영향력을 지닌 예술 작품을 만들어 내기까지 이들이 어떻게 작업하고 얼마나 노력하는지 보여 줄 수 있기를 바란다. 이제 책장을 넘겨 픽사의 놀라운 세계로 떠나 보자.

제이 워드 Jay Ward
픽사 애니메이션 스튜디오, 프랜차이즈 크리에이티브 디렉터

전사로 오해한 서커스 공연단과 함께 개미 왕국에 돌아온 플릭. 지프위 보도에^{Geefwee Boedoe}가 레이아웃, 티아 W. 크래터^{Tia W. Kratter}가 아크릴로 작업한 〈벅스 라이프〉의 콘셉트 아트(역자주: 작품을 창작하기 이전에 아이디어 전개와 연출을 위한 사전 예술 기획 단계).

1

1: 영웅의 귀환
전사로 오해한 서커스 공연단과 함께 개미 왕국에 돌아온 플릭. 지프위 보도에^{Geefwee Boedoe}가 레이아웃, 티아 W. 크래터^{Tia W. Kratter}가 아크릴로 작업한 〈벅스 라이프〉의 콘셉트 아트(역자주: 작품을 창작하기 이전에 아이디어 전개와 연출을 위한 사전 예술 기획 단계).

1: 바닷속 낭떠러지
산호초 집 가까이에서 헤엄치고 있는 니모 가족의 모습이 광활한 바닷속
자그마한 점처럼 보인다. 마크 휘팅^{Mark Whiting}, 아크릴.

1

1: 바닷속 낭떠러지
산호초 집 가까이에서 헤엄치고 있는 니모 가족의 모습이 광활한 바닷속
자그마한 점처럼 보인다. 마크 휘팅^{Mark Whiting}, 아크릴.

SECTION 1

창업

모든 것은 컴퓨터 과학자와 애니메이터, 기업가의 만남에서
시작되었다. 세 사람은 함께 회사를 설립했고,
애니메이션계의 판도를 뒤집어 놓았다.
캘리포니아 베이 에어리어에서 시작된
픽사 애니메이션 스튜디오는 계속해서 성장하고 있다.

픽사의 탄생

픽사 애니메이션 스튜디오의 이야기는 컴퓨터 애니메이션의 초창기였던 1970년대로 거슬러 올라간다. 1979년 〈스타워즈〉의 감독 조지 루카스^{George Lucas}는 루카스필름에 컴퓨터 부서를 만들고자 에드 캣멀^{Ed Catmull}을 고용했다.[1] 캣멀은 유타대학교에서 컴퓨터 공학을 전공했고, 졸업 후에 뉴욕공과대학교 컴퓨터 그래픽 연구소의 디렉터로 일하고 있었다. 캣멀은 루카스필름의 〈스타 트랙 2-칸의 분노〉나 〈스타워즈 에피소드 6-제다이의 귀환〉 같은 실사 영화의 컴퓨터 애니메이션 요소들을 만드는 부서 전체를 감독했었다.

1984년 캣멀은 자신처럼 컴퓨터 애니메이션의 가능성을 믿고 있던 존 래시터^{John Lasseter}를 영입했다. 래시터는 앨비 레이 스미스^{Alvy Ray Smith}와 함께 컴퓨터 부서의 작은 팀을 이끌고 루카스필름의 첫 캐릭터 중심 단편 애니메이션 〈앙드레와 월리 B.의 모험〉을 제작했다. 영화는 꿀벌 월리 B.가 앙드레라는 캐릭터를 쫓아다니는 이야기다. 결국 앙드레는 꿀벌에게 쏘이고 월리 B.의 구부러진 벌침을 보여 주며 영화는 끝이 난다. 이 작품은 그해 7월 미니애폴리스에서 개최된 연례 컴퓨터 그래픽 콘퍼런스 시그라프^{SIGGRAPH}에서 6초 정도 미완성된 상태로 최초 공개됐다. 최종 완성본은 8월 토론토에서 열린 국제 애니메이션 페스티벌에서 상영되었다.

1986년 애플 컴퓨터의 공동 창업자인 스티브 잡스^{Steve Jobs}가 루카스필름의 컴퓨터 부서를 인수하고 '픽사'라는 새 이름을 붙였다. '픽사 이미지 컴퓨터'에서 따온 이름으로, 이 부서에서 몇 년 전 개발한 고성능 컴퓨터이자 가장 잘 알려진 제품이었다. 초창기 픽사는 이 픽사 이미지 컴퓨터를 전문 업계인 의학 연구 회사나 정보 기관, 월트 디즈니 스튜디오를 비롯한 그래픽 아트 회사에 판매하는 데 주력했다.

작품 설명

1: 세 설립자

컴퓨터 과학자 에드 캣멀, 기업인 스티브 잡스, 디즈니에서 경험을 쌓은 애니메이터 존 래시터. 각기 다르지만 상호 보완적인 재능을 지닌 세 사람이 모여 픽사가 탄생했다. 테디 뉴턴Teddy Newton의 스케치가 세 사람을 잘 표현해 준다.

2: 〈앙드레와 윌리 B.의 모험〉

물체가 움직일 때 살짝 흐릿해지면서 움직임에 생동감을 더하는 모션 블러를 최초로 연출한 3D 단편 애니메이션이다. 콘셉트/감독 앨비 레이 스미스, 캐릭터 디자인/애니메이션 존 래시터.

3: 〈레드의 꿈〉

1987년 공개된 픽사의 두 번째 단편 애니메이션으로, 사랑받지 못하는 외발 자전거가 좀 더 나은 삶을 꿈꾸는 쓸쓸하고 차분한 분위기의 작품이다.

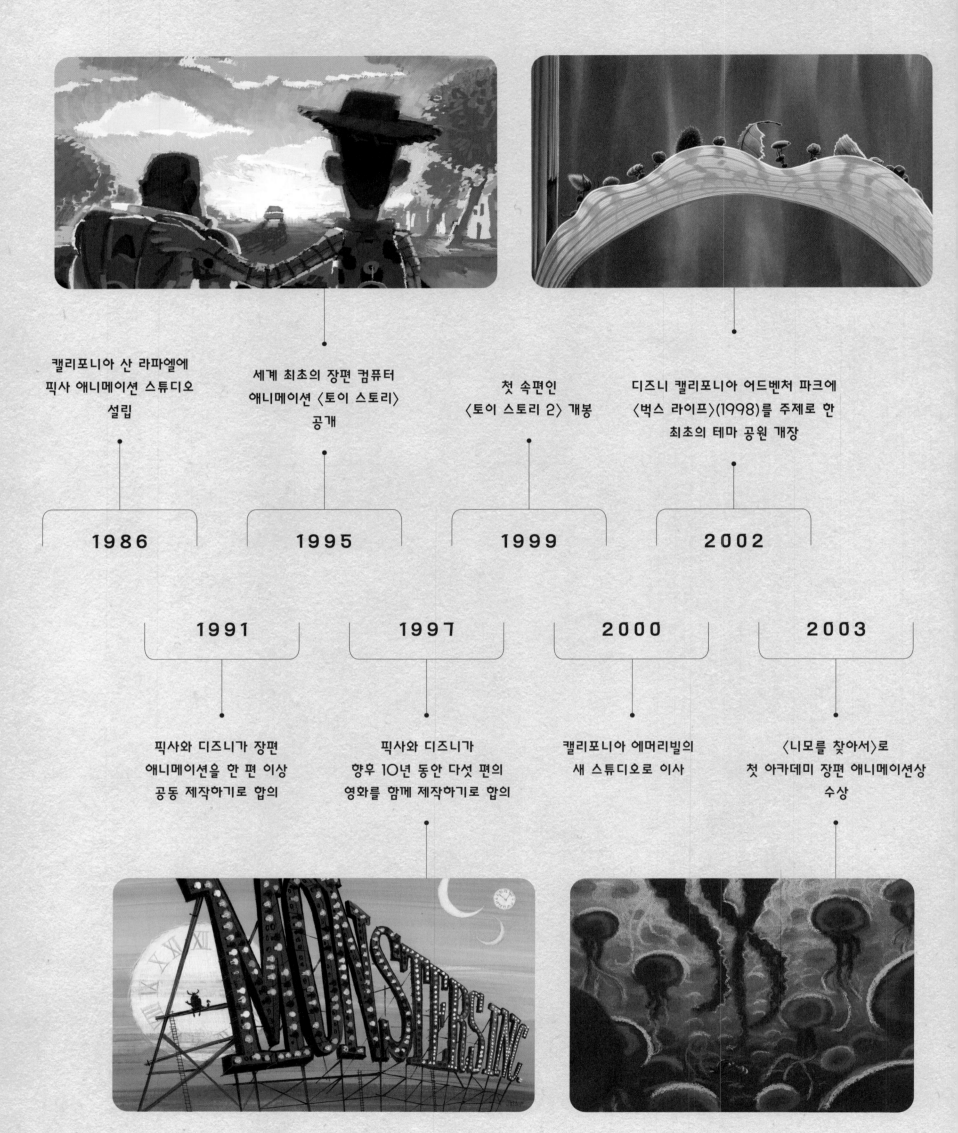

캘리포니아 산 라파엘에
픽사 애니메이션 스튜디오
설립

세계 최초의 장편 컴퓨터
애니메이션 〈토이 스토리〉
공개

첫 속편인
〈토이 스토리 2〉 개봉

디즈니 캘리포니아 어드벤처 파크에
〈벅스 라이프〉(1998)를 주제로 한
최초의 테마 공원 개장

1986   **1995**   **1999**   **2002**

1991   **1997**   **2000**   **2003**

픽사와 디즈니가 장편
애니메이션을 한 편 이상
공동 제작하기로 합의

픽사와 디즈니가
향후 10년 동안 다섯 편의
영화를 함께 제작하기로 합의

캘리포니아 에머리빌의
새 스튜디오로 이사

〈니모를 찾아서〉로
첫 아카데미 장편 애니메이션상
수상

상단 왼쪽 그림 : 19쪽 참조, 상단 오른쪽 그림 : 39쪽 참조
하단 왼쪽 그림 : 27쪽 참조, 하단 오른쪽 그림 : 41쪽 참조

뉴욕 현대미술관MoMA에서
픽사: 애니메이션 20년 원본
아트워크 최초 전시

〈업〉, 픽사 최초로
아카데미 작품상 후보에
오름

첫 TV 스페셜
〈토이 스토리: 공포의
대탈출〉방영

2018년 픽사의 최고
크리에이티브 책임자가 된
피트 닥터Pete Doctor가 감독한
첫 작품 〈소울〉완성

2005   2009   2013   2020

2006   2011   2018   2021

20주년을 기념,
〈카〉개봉,
디즈니가 픽사 인수

25주년을 기념,
토이스토리 속편이 아닌
〈카 2〉개봉

〈인크레더블 2〉가 픽사에서 가장
큰 수익을 올린 영화이자 역대
애니메이션 영화 중 세 번째로
많은 이익을 창출한 영화로 등극

COVID-19로 인해
〈소울〉에 이어 〈루카〉도
디즈니+에서 개봉

상단 왼쪽 그림 : 43쪽 참조, 상단 오른쪽 그림 : 35쪽 참조;
하단 왼쪽 그림 : 53쪽 참조, 하단 오른쪽 그림 : 51쪽 참조.

픽사 스튜디오

픽사가 루카스필름 컴퓨터 부서였던 시절, 픽사의 사무실은 샌프란시스코 북쪽 마린 카운티, 산 라파엘의 커너 불르바드에 있었다. 1986년 스티브 잡스가 회사를 매입하고 바로 길 건너편으로 사무실을 옮겼는데, 1990년 임대 계약이 끝나면서 이스트 베이에 있는 포인트 리치먼드라는 작은 마을에 있는 산업단지 옆 복합 상업지구에 넓은 공간을 임차했다. 여기서 한 가지 사치를 부렸는데, 바로 영화 상영실이었다. 붙박이 좌석을 설치할 만한 여유는 없었기 때문에 직원들이 오래된 소파나 안락의자를 기부했다. 애니메이터들은 오래된 스쿠터를 들고 와 복도에서 레이싱을 펼치고 앞다투어 벽에 최단 기록을 끄적거리기도 했다. 그러곤, 각자 원하는 테마에 맞추어 오두막이나 술집, 60년대 스타일 아지트, 공원 등으로 사무실을 멋지게 꾸며 놓았다. "다시 학생이 된 것 같았죠." 피트 닥터는 말했다.[2]

이후 몇 년간 픽사는 본사 건물 건너편에 있는 복합 상업지구를 포함해 여러 채의 건물로 성장했다. 1995년 〈토이 스토리〉가 성공을 거둔 후에는 포인트 리치먼드에서 남쪽으로 15분 정도 떨어진 버클리 근처 에머리빌에 6.5헥타르의 대지를 매입했다. 픽사는 두 가지 목표를 두고 새 건물을 설계했는데, 그동안 단편적인 확장으로 인해 사라진 공동체 의식을 돈독히 하고 오래도록 지켜 온 픽사만의 자발성과 재미, 독창성 넘치는 문화를 유지하고 키워 가고자 했다.

자발적인 협업을 장려하고 직원들이 융합할 기회를 고무하고자 건물 한가운데 아트리움을 만들었는데, 출입구부터 중앙 계단, 카페, 회의실, 상영실, 화장실까지 직원들이 일과 중에 사무실에서 나오면 거쳐야 하는 공간이었다. 픽사는 〈몬스터 주식회사〉의 막바지 작업 중이던 2000년에 새 사옥으로 이사했다. "뭔가 우리 회사 같지 않았어요" 리 언크리치Lee Unkrich는 첫 느낌을 이렇게 설명했다. "건물이 너무 좋았거든요." 픽사는 이곳을 자신들만의 공간으로 빠르게 만들어 나갔다. 에드 캣멀의 말처럼 정문에 들어서는 순간부터 에너지를 느낄 수 있는 공간이 되었다.

작 품 설 명

1: 정문
픽사 캠퍼스에 있는 본관 건물처럼, 과거 에머리빌의 산업에 경의를 표하듯 입구는 철과 석조로 도안되었다.

2: 메인 아트리움
에머리빌 픽사 본관 스튜디오에 있는 메인 아트리움은 온종일 오가며 여러 부서의 사람들을 만나고 이야기를 나눌 수 있는 픽사의 '광장' 같은 곳이다.

1

1: 픽사의 상징적인 램프
2분짜리 단편 〈룩소 2세〉는 큰 부모 램프와 장난기 많은 작은 램프, 룩소 2세의 이
야기를 담았다. 영화의 각본과 감독을 맡은 존 래시터가 슬라이드에 형광펜으로 그
린 이미지.

SECTION 2

픽사의 초기 작품들

장편 영화 제작 전부터 픽사의 컴퓨터 애니메이션 시도는
이미 화제였고 상을 받기도 했다.
첫 단편에 등장한 통통 튀는 램프는 픽사의 마스코트가 되었고
지금도 픽사의 길을 비추고 있다.

룩소 2세
틴 토이

룩소 2세

픽사의 애니메이션은 통통 튀는 램프가 'PIXAR' 알파벳의 'I'를 짓누르는 장면으로 시작된다. 이 램프는 막 독립한 픽사 스튜디오의 첫 단편 애니메이션에 등장했던 룩소 2세다.

이 단편을 제작할 당시 픽사의 직원은 40명이었다. 회사의 주력 사업은 컴퓨터 하드웨어 판매였지만, 에드 캣멀은 단편 애니메이션을 제작해 컴퓨터가 무엇을 할 수 있는지 보여 주면 고객들에게 좋은 인상을 남길 수 있을 것이라 생각했다. 이 시기 존 래시터는 모델링을 연구하며 책상 위에 있는 램프의 디지털 모델을 만들어 보고 있었다. 캣멀이 래시터에게 단편 애니메이션 제작을 요청하자 래시터는 이 램프를 활용해 보기로 했다. 준비 중이던 이 작품을 애니메이션 페스티벌에서 선보였고, 영화감독 라울 세르베 [Raoul Servais]는 아무리 짧은 영화라도 시작과 중간, 끝이 필요하다는 조언을 해 주었다.[3]

래시터는 잠시 회사에 온 동료의 아이를 보다가 아이들의 움직임과 신체 비율을 관찰하게 되었다. 아이들의 신체 비율이 어른들과 어떻게 다른지 살핀 래시터는 꼬마 램프의 모습을 고민했다. 그리고 관찰한 결과를 램프의 디자인에 반영했다. 당시에는 컴퓨터를 사용할 수 있는 시간이 제한적이었기 때문에 야근을 하며 밤마다 꼬마 램프를 만들어 내는 일에 몰두했고 책상 밑에 요를 깔고 잠을 잤다.

완성된 단편 애니메이션은 작은 램프 룩소 2세가 공을 쫓아다니고 공 위에 올라서서 균형을 잡고 방방 뛰다가 결국 공을 찌그러트리며 노는 모습을 큰 룩소가 지켜보는 내용으로, 단순하지만 걸작이었다. 세트는 평범한 나무 탁자 바닥과 검은 바탕으로 구성했다. 실제 배경 전체를 애니메이션으로 표현하는 비용을 줄이는 대신 캐릭터를 더욱 돋보이게 연출하고 빛과 그림자를 효과적으로 활용하고자 했다.

〈룩소 2세〉는 1986년 시그라프에서 공개되어 기립 박수를 받았다. 또한 최초로 아카데미상 후보에 오른 3D 컴퓨터 애니메이션 영화가 되었다.

작품 설명

1: 콘셉트 파스텔화
존 래시터의 룩소 램프 파스텔 드로잉.

2: 룩소 철사 구조
애니메이션 바탕에 깔려 있는 램프의 골격을 디지털 철사 구조 모델에서 볼 수 있다.

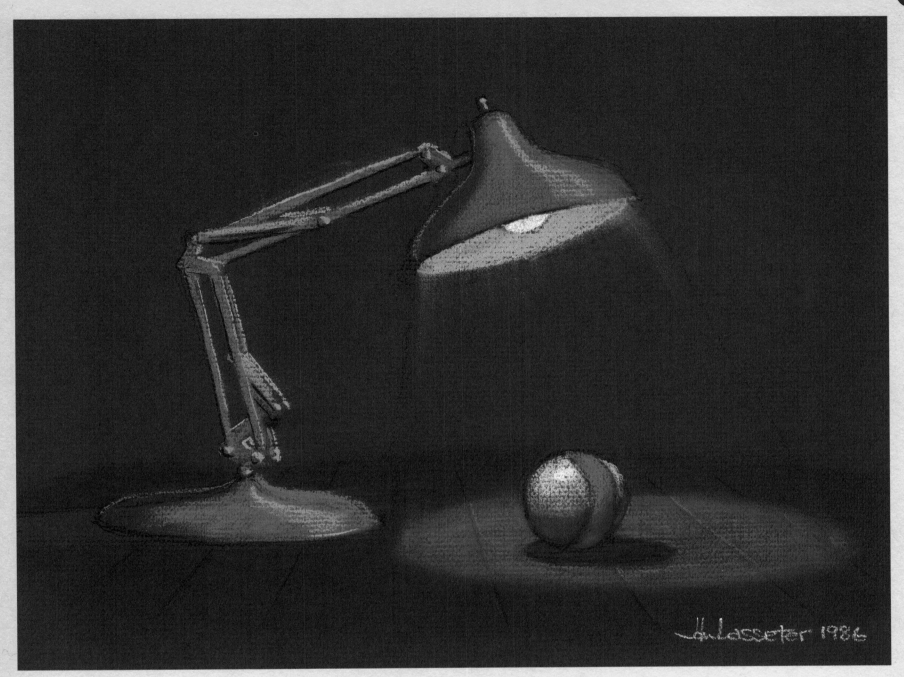

Jn Lasseter 1986

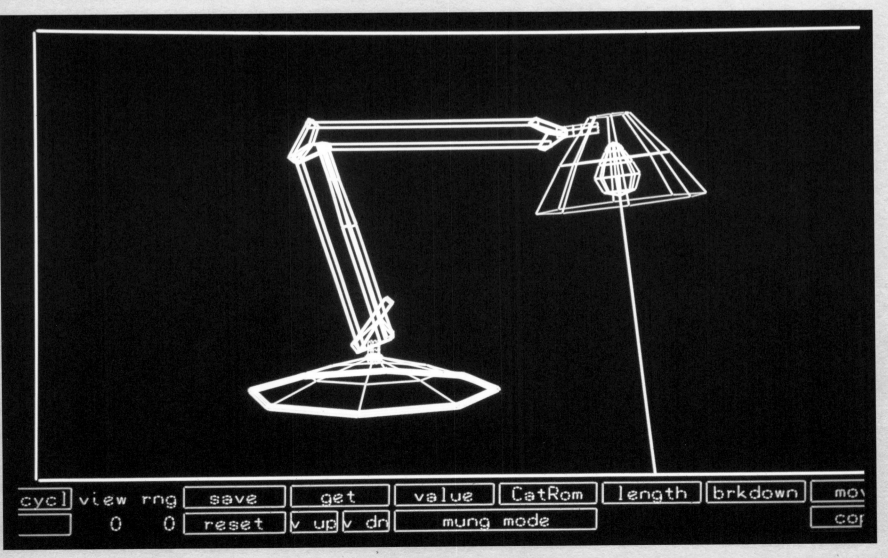

| cycl | view | rng | save | get | value | CatRom | length | brkdown | mov |
| | 0 | 0 | reset | v up | v dn | mung mode | | | cor |

틴 토이

1988년 개봉한 〈틴 토이〉는 역대 픽사 단편 애니메이션 중 가장 야심 찬 작품이었다. 이전의 작품들보다 훨씬 길고 복합적인 스토리에 캐릭터도 단순하지 않았다. 아기와 함께 등장하는 장난감 티니는 여러 악기를 혼자 연주하는 태엽 장난감으로, 몸의 여러 부분이 제각기 움직이는 캐릭터였다. 〈틴 토이〉는 아기의 손에 잡힌 장난감은 어떤 느낌일까 상상해 본 영화다. 존 래시터의 갓난아기 조카가 장난감을 가지고 놀다 하나씩 입에 집어넣는 홈비디오가 영화의 영감이 되었다. 처음에 티니는 괴물처럼 보이는 아기를 피해 소파 밑으로 도망치고 겁에 질려 숨어 있는 다른 장난감들을 만나게 된다. 아기가 넘어지면서 머리를 부딪혀 울자 반전이 일어나고 티니가 용감하게 나서서 아기를 돕는다.

1988년 시그라프에서 처음 공개된 이 5분짜리 단편 영화는 픽사의 첫 아카데미 단편 애니메이션 수상작이 되었다. 월트 디즈니사가 〈틴 토이〉에 주목했고 그 결과 이 획기적인 단편에서 직접적으로 영감을 얻은 픽사의 첫 장편 〈토이 스토리〉가 시작되었다는 점도 아주 큰 의미가 있다. 마침내 1991년, 픽사와 디즈니의 계약이 성사되었다.

존 래시터는 〈틴 토이〉를 비롯한 픽사의 단편 영화 제작에 사용되는 소프트웨어 개발에도 참여했다. 영화 제작 과정에서 래시터의 피드백을 받아 훨씬 더 사용자 친화적인 소프트웨어를 만들 수 있었다. 가장 큰 변화는 작품의 단계마다 별도의 툴을 사용해 여러 애니메이터가 한 영화의 다른 부분들을 동시에 작업할 수 있게 되었다는 점이다. 이 변화는 픽사의 첫 장편 애니메이션 제작 과정에서 제대로 빛을 발했다. 래시터의 말처럼 "예술은 기술에 도전하고, 기술은 예술에 영감을 준다."[4]

───────── 작품 설명 ─────────

1: 스토리보드
아기가 등장하는 〈틴 토이〉 시작 장면을 담은 존 래시터의 스토리보드.

2 와 3: 티니의 감정 변화
〈틴 토이〉의 주인공 티니는 처음으로 진짜 아기를 만나면서 여러 감정을 느끼게 된다. 아기가 얼마나 어설픈지 알게 되면서, 기쁨은 빠르게 두려움과 괴로움으로 변한다.

1: 연인
〈토이 스토리〉 속 보안관 우디는 양치기 소녀 보 핍에게 마음이 약하다.
마이클 예이츠^{Michael Yates}의 디지털 아트워크.

1: 연인
〈토이 스토리〉 속 보안관 우디는 양치기 소녀 보 핍에게 마음이 약하다.
마이클 예이츠[Michael Yates]의 디지털 아트워크.

픽사 애니메이션 스튜디오

SECTION 3

전설의 시작

픽사의 첫 장편 〈토이 스토리〉는 컴퓨터 애니메이션으로 제작된
최초의 장편 영화였다. 전례 없는 성공으로 픽사는 확실하게
자리매김을 했고, 많은 이들이 사랑하는 여러 작품과
인상적인 캐릭터들을 탄생시켰다.

토이 스토리
의외의 우정
앤디의 장난감들
다시 돌아온 토이 스토리

토이 스토리

1991년 픽사는 첫 장편 영화 제작에 돌입했고, 1995년 11월 〈토이 스토리〉가 개봉되었다. 존 래시터는 이미 여러 작업을 함께한 앤드루 스탠턴Andrew Stanton과 피트 닥터에게 장편 애니메이션 스토리 구성에 도움을 요청했다. 두 사람은 주로 픽사의 생계를 책임지는 TV 광고를 맡고 있었다. "영화 작업을 한 번도 해 본 적 없는 사람이 대부분이었죠."5) 스탠턴이 말했다. 디즈니에서 〈라이온 킹〉, 〈미녀와 야수〉 등의 영화 작업을 경험한 조 랜프트Joe Ranft도 래시터와 함께하기로 했다. 사실 〈틴 토이〉의 세상에서 더 많은 이야기를 만들어 보자는 아이디어는 랜프트가 제안한 것이었고, 제작이 결정되자 픽사로 이직해 〈토이 스토리〉 작업에 착수했다.

혼자 여러 악기를 연주하는 장난감 티니가 영웅으로 등장하는 〈틴 토이〉의 미완성 크리스마스 TV 스페셜을 각색하여 이야기를 만들기 시작했다. 하지만 곧 새로운 아이디어가 떠올랐다. 아이의 새로운 장난감과 가장 좋아하던 낡은 장난감을 대조적으로 보여 주는 이야기였다. 충돌하는 두 캐릭터가 서로 다르지만 함께 문제를 해결해 나가는 '우정 영화'로 그려 내고자 했다. 결국 티니 대신 버즈 라이트이어가 등장하게 되었고 원래 복화술 인형이었던 우디는 카우보이가 되었다.

제작에 몰두하던 픽사는 1993년 디즈니 경영진에게 진행 상황을 보여 주는 상영회를 열었다. 결과는 좋지 않았다. 객관적인 시각에서 바라보자 이야기가 방향성을 잃었다는 것을 알 수 있었다. 영화를 완성도 못 하고 그대로 디즈니에 넘겨주게 될 상황까지 가자 픽사는 도박을 걸었다. "2주만 주십시오." 래시터가 말했다. 조 랜프트는 "저와 앤드루, 존, 피트가 정말 한 팀으로 똘똘 뭉쳤던 때였어요. 죽기 살기로 매달렸죠."라며 회상했다.

제작진은 새로운 관점으로 이야기를 구성하기 위해 밤낮으로 일하며 영화의 초반 3분의 1을 완전히 다시 만들었다. 도박은 성공했다. 디즈니 경영진이 제작을 승인했고 픽사는 계속해서 작업을 진행할 수 있었다. 그럼에도 불구하고 완성까지는 난관이 많았다. 애니메이션으로 이 정도 규모의 프로젝트를 완성한다는 것 자체가 처음이었다. 하지만 적어도 자신들이 원하는 영화를 만들고 있다는 것은 분명했다. "지금까지 픽사에서 한 일 중에 〈토이 스토리〉가 제일 힘들고 지치는 작업이었지만 그 어떤 작품보다 즐거웠어요."6) 슈퍼바이징 테크니컬 디렉터 빌 리브스Bill Reeves가 말했다.

〈토이 스토리〉의 개봉 반응은 모두의 예상을 뛰어넘었다. 그 해 최고의 평을 받고 최대 수익을 올렸으며, 아카데미 시상식에서 래시터가 특별 업적상을 받았고 〈토이 스토리〉는 각본상과 음악상 후보에 올랐다.

──────────────── 작품 설명 ────────────────

1: 컬러 스크립트

아트 디렉터 랠프 에글스턴Ralph Eggleston이 파스텔로 작업한 〈토이 스토리〉 컬러 스크립트. 컬러와 조명으로 연출되는 영화의 느낌과 각 장면의 분위기를 공유하기 위해 활용되었다. 이 컬러 스크립트는 일주일 만에 완성되었다.

의외의 우정

〈토이 스토리〉의 핵심은 두 장난감의 관계이다. 가장 사랑받던 장난감 우디는 신상품 버즈 라이트이어에게 관심을 빼앗긴다. 우디는 줄을 잡아당기면 녹음된 소리가 나오는 전통적인 카우보이 인형이지만, 버즈는 반짝거리는 최신식 우주 전사 장난감으로, 명대사 "무한한 공간, 저 너머로!*To infinity and beyond!*" 말고도 여러 문장을 구사하며 레이저까지 쏜다.

버즈 라이트이어는 원래 '루나 래리'라는 이름이었다가, 잠시 '모프의 템푸스'로 불리기도 했다. 우디는 복화술 인형에서 팔다리가 유연한 카우보이 인형으로 바뀌었고 덕분에 버즈와의 크기 차이를 줄일 수 있었다. 다른 두 세계에서 온 정반대의 캐릭터지만, 둘 다 미국의 상징이며 새로운 영역의 개척자라고 할 수 있다.

캐릭터 개발 초기의 우디는 그리 호감이 가는 캐릭터가 아니었다. 사실 못되고 이기적인 성격으로 설정해 두고 이야기가 진행되면서 점차 호감이 갈 것이라 생각했다. 당시 목소리를 녹음하던 톰 행크스Tom Hanks가 말했다. "이 녀석 정말 별론데요." 결국 제작진은 우디를 조금 호감이 가는 캐릭터로 바꾸었지만 가장 인기 있는 장난감인 만큼 은근히 자기중심적인 면은 남겨 두었다.[7]

원래는 버즈도 자신이 TV 쇼 스타라는 사실을 알고 있는 설정이었지만, 대사를 읽는 팀 앨런Tim Allen의 목소리는 어딘가 담백하고 일상적인 느낌이었다. 제작진은 버즈가 자신이 장난감이라는 사실을 알지 못하고 진짜 우주 전사로서 중요한 임무를 수행하는 중이라고 믿으면 더 큰 재미와 공감을 얻을 것이라 생각했다.

작품 설명

1: 영원한 우정
시작은 순조롭지 않았지만 점차 우정이 깊어지는 우디와 버즈의 관계를 보여 주는 〈토이 스토리 3〉 디지털 아트워크. 로버트 콘도의 디지털 아트.

2: 버즈 라이트이어
버드 러키Bud Luckey의 버즈 라이트이어 초기 콘셉트 아트. 버즈의 우주 전사복은 초록색과 파란색 계열이지만 여기서는 빨간색과 노란색으로 장식되어 있다. 2015년, 〈토이 스토리〉 20주년을 맞이하여 이 모습으로 기념 배지가 출시되었다.

앤디의 장난감들

제작진의 장난감 사랑이 듬뿍 담긴 〈토이 스토리〉의 조연들은 다양한 시대의 여러 장난감으로 탄탄하게 구성되어 있다. 장난감의 제조 방식이나 가격대 등 면밀하게 조사한 모든 요소가 각 캐릭터의 성격에 반영되어 있다.

돈 리클스Don Rickles가 목소리를 연기한 미스터 포테이토 헤드는 자꾸 눈, 코, 입이 빠져 버리는 장난감답게 늘 투덜거리고 짜증이 많다. 슬링키의 성격에는 서던 하운드 견종의 특성이 반영되었다. 짐 바니Jim Varney의 강아지가 가끔 진짜로 말하는 것 같은 모습에 착안해 으르렁 소리와 대사가 섞여 있다. 존 라첸버거John Ratzenberger가 연기한 돼지 저금통 햄은 아는척쟁이다. 높은 선반에 앉아 방 안팎에서 벌어지는 일을 둘러보는 것을 좋아한다. 애니 포츠Annie Potts가 연기한 도자기 조명 보 핍은 우디와 각별한 사이다. 공룡 렉스의 목소리는 월리스 숀Wallace Shawn이 연기했다. 커다랗고 무섭게 생겼지만 사실 예민하고 소심한 편이다.

초록색 병정 장난감의 휘어진 총, 마감 불량으로 머리 뒤쪽에 남아 있는 자투리 플라스틱, 발판에 붙어 있는 두 다리에는 실제 장난감과 정말 똑같이 표현하고자 한 애니메이터들의 노력이 담겨 있다. 발판에 붙은 채 움직이는 모습을 그려 내기 위해 피트 닥터는 판자에 신발을 못질했고 애니메이터들은 이 신발을 신고 작업실을 팔짝팔짝 뛰어다녔다.

──────────────── 작 품 설 명 ────────────────

1: 햄
사실 햄은 장난감이 아니라 저금통이지만 장난감 같은 움직임과 거기에 맞는 성격을 부여했다. 햄의 캐릭터가 잘 표현된 랠프 에글스턴의 연필 드로잉.

2: 보 핍
다정한 보 핍은 양 세 마리를 돌보고 장난감들 사이에서 이성적인 의견을 내는 역할을 한다. 〈토이 스토리 3〉에서 사라졌다가 〈토이 스토리 4〉에 매우 달라진 모습으로 등장한다. 존 리John Lee의 디지털 페인팅.

3: 앤디와 장난감들
영화의 색조와 분위기를 설정하기 위한 조명 아트 디렉터 다이스 쓰쓰미Dice Tsutsumi의 컬러 스크립트. "앤디의 방이 이들에게는 집이죠. 어떤 모습이고 어떤 느낌이어야 하는지 전달될 거예요."

4: 우디
처음 우디의 성격은 예민하고 신경질적이었지만 제작 중에 수정되었다. 버드 러키의 연필 콘셉트 드로잉, 랠프 에글스턴 채색.

1

2

3

4

다시 돌아온 토이 스토리

〈토이 스토리〉의 성공으로 빠르게 속편 제작이 추진되었고 제작진은 이미 좋은 스토리를 구상해 둔 상태였다. 장난감에게 〈토이 스토리〉 속 앤디의 방이 천국이고 시드의 방이 지옥이라면, 그 사이 연옥은 어떤 곳일까? 그러한 질문에서 착안해, 제작진들은 장난감 수집가의 장난감이 되어 상자 속에 그대로 갇혀 있는 장난감의 이야기를 만들어 보기로 했다.[8]

원래 〈토이 스토리 2〉는 TV로 방영되는 보통 규모의 속편으로 계획되었다. 하지만 존 래시터가 이 영화는 극장의 큰 스크린으로 봐야 한다고 디즈니를 설득했다. 1998년 큰 흥행을 거둔 〈벅스 라이프〉 제작을 마친 픽사의 핵심 제작진은, 개봉이 1999년으로 계획된 〈토이 스토리 2〉 제작에 돌입했다. 9개월도 남지 않은 시점이었지만 제작된 부분은 기대에 미치지 못했고 수정이 필요했다. "사실 영화를 다시 만드는 건 불가능했어요." 에드 캣멀이 말했다. "하지만 해냈죠." 제작진은 장난감을 두고 훌쩍 커 버린 아이들에 대한 제시의 슬픈 노래처럼 멋진 아이디어들을 더해 넣었다. 결국 픽사는 불가능한 일을 이루어 냈고, 본편 〈토이 스토리〉보다 더 큰 성공을 거두었다.

2010년 개봉된 〈토이 스토리 3〉에서는 앤디가 성장해 장난감들을 떠나보낼 준비를 하게 된다. 제작진은 새로운 배경인 탁아소에 새 캐릭터를 추가했는데, 바로 〈틴 토이 크리스마스〉를 위해 한참 전에 만든 '랏소 베어'였다. 랏소 베어는 장난감과 아이들의 관계에 냉소적이고 우디도 자신과 같은 태도이기를 바란다. 〈토이 스토리 3〉의 제작 시기에는 애니메이션 기술이 상당히 발전되어 있어서 제작진은 새로운 기술의 이점을 이용하는 한편 이전 시리즈의 스타일을 유지하기 위해 노력했다. 현실 그대로의 사실성보다 그럴듯한 개연성을 표현하는 것이 픽사의 목표였다. 결국 〈토이 스토리 3〉는 아카데미 장편 애니메이션상을 수상했고 작품상을 비롯한 4개 부문 후보에 올랐다.

픽사에서 앤디의 이야기는 끝이 났지만, 조시 쿨리Josh cooley는 "우디의 이야기는 끝나지 않았다"고 말했다. 2019년 개봉된 〈토이 스토리 4〉는 우디가 새로운 주인 보니와 함께하기 위해 고군분투하는 두 번째 기회에 대한 이야기다. 우디는 쓰레기로 만들어진 포키와 옛사랑 보 핍도 만나게 되는데 보 핍은 강한 생활력으로 주인 없이 혼자 지내는 모습으로 그려진다. 쿨리가 감독을 맡은 〈토이 스토리 4〉 역시 크게 성공을 거두어 이전 시리즈들의 흥행 기록을 넘어섰고 아카데미 장편 애니메이션상을 받았다. 이로써 픽사는 모든 속편 징크스를 완벽하게 깨 버렸다.

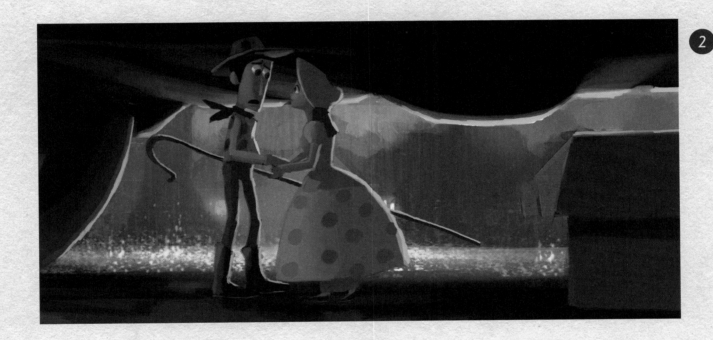

②

작품 설명

1: 수집가의 방
부러지거나 침이 묻을 일은 없지만, 평생 아이들과 놀 수도 없는 장난감들이 진열된 수집가 알의 방에 있는 우디. 랜디 배럿Randy Berrett이 종이 판자에 유화 작업.

2: 우디와 보
〈토이 스토리 4〉에서 도자기 양치기 인형 보 핍을 살아 움직이게 하는 작업은 쉽지 않았다. 애니메이터들은 도자기의 광택과 실금까지 세세하게 들여다보았고 디렉팅 애니메이터 패티 킴Patty Kihm은 "보 핍을 정말 실제처럼 표현한다면 아

예 움직일 수도 없겠죠."라고 말했다. 제작진은 사실적인 틀을 깨고 아주 활동적으로 움직이는 보 핍을 만들어 냈다. 존 리의 디지털 페인팅.

1: 기쁨과 슬픔
라일리의 머릿속 컨트롤 패널에 있는 기쁨과 그 뒤편 어둠 속에 웅크리고
있는 슬픔. 랠프 에글스턴의 디지털 페인팅.

SECTION 4

아주 특별한 세상

픽사 아티스트들은 스크린에 몬스터들이 사는 도시와
지구의 미래 모습, 인간의 머릿속 세상, 삶과 죽음을 넘어선
영혼의 세계 같은 아주 특별한 세상을 펼쳐 냈다.

몬스터 주식회사

월·E

인사이드 아웃

코코

소울

몬스터 주식회사

2001년 픽사의 네 번째 영화 〈몬스터 주식회사〉가 개봉됐다. 〈몬스터 주식회사〉는 어릴 적 그린 몬스터 그림들이 살아 움직이게 된 한 남자의 이야기에서 시작되었다. 〈토이 스토리〉의 슈퍼바이징 애니메이터를 거쳐 처음으로 감독을 맡은 피트 닥터의 아이디어였다. 이야기는 바뀌어 진짜 몬스터들이 살고 있는 침실 옷장 문 너머의 또 다른 세상에 초점을 맞추게 되었다. 래시터는, "아이들이 거짓말하는 게 아니라 정말 옷장 속에 몬스터가 살고 있다면 어떨까요?"[9] 라고 묘사했다.

〈토이 스토리〉와 〈벅스 라이프〉에서는 실물에 기반해 디자인 작업을 했지만 상상 속 몬스터는 무궁무진하게 만들어 낼 수 있었다. 제작진은 이 몬스터 세상의 윤곽을 잡기 위해 평소 좋아하던 일러스트레이터들에게 작업을 의뢰해 영감을 얻기도 했다. 몬스터끼리는 서로를 겁주지 않는 것으로 설정했고 몬스터들의 공장이 있는 도시, 몬스트로폴리스를 만들어 냈다. 몬스터는 동물 이미지에 아이들이 생각하는 괴물들의 모습을 결합해 디자인했다.

작업이 진행되면서 주인공도 정해졌다. 설리, 마이크 그리고 어린아이 부였다. 설리의 부들부들하고 긴 털을 표현하는 것은 기술적으로 쉽지 않았고 털을 한 올 한 올 수작업으로 그릴 수도 없는 일이었다. 제작진은 털이 바람 같은 외부 힘에 의해 움직이는 것처럼 보이게 하는 소프트웨어를 개발했다. 굉장히 혁신적인 기술이었고 덕분에 껴안고 싶은 컴퓨터 그래픽 캐릭터를 탄생시킬 수 있었다.

픽사는 〈몬스터 주식회사〉에 이어 마이크와 설리가 어떻게 친구가 되었는지를 보여 주는 속편을 제작하기로 했다. 댄 스캔런Dan Scanlon이 감독을 맡아 2013년 개봉한 〈몬스터 대학교〉는 상상해 왔던 것과 전혀 다른 대학 생활을 마주하는 캐릭터들의 모습을 보여 준다.[10] 〈몬스터 주식회사〉의 10년 전 이야기이며 시간을 거슬러 모든 설정을 세심하게 재구성해 1990년대가 아닌 1980년대라는 것을 자연스럽게 알 수 있도록 했다.

〈몬스터 주식회사〉와 〈몬스터 대학교〉 모두 흥행에 성공했고 새로운 캐릭터들이 큰 사랑을 받았다. 〈몬스터 주식회사〉는 랜디 뉴먼Randy Newman의 '네가 없다면If I Didn't Have You'으로 아카데미 주제가상을 받았다.

작품 설명

1: 메트로폴리스 동네
"결국 3D 세상이 될 거라는 건 알고 있었어요." 프로덕션 디자이너 할리 제섭Harley Jessup이 말한다. "하지만 그래픽은 2D에서 시작되죠." 할리 제섭이 형광펜과 잉크로 작업한 〈몬스터 주식회사〉 콘셉트 아트.

2: 공장 옥상
〈몬스터 주식회사〉에는 전후 베이비 붐으로 아이들의 비명이 증가하면서 공장의 규모는 커졌지만 아이들이 폭력적인 미디어에 노출되면서 두려움에 둔감해져 불황을 겪게 되었다는 배경이 설정돼 있다. 할리 제섭의 아크릴 콘셉트 아트.

3: 대학 시절
〈몬스터 대학교〉를 제작한 아티스트들은 몬스터의 각기 다른 크기와 모습에 맞추어 일상 속 물건과 장소들도 디자인된 세상을 만들었다. 건물도 몬스터스러운 요소들로 꾸며져 있다. 리키 니에르바Ricky Nierva와 다이스 쓰쓰미의 구아슈 작업.

월·E

"만약 모든 인류가 지구를 떠나야 되는 상황인데, 누군가 마지막 로봇의 전원을 끄는 것을 잊는다면 어떻게 될까?" 〈토이 스토리〉가 완성되어 가던 1994년 어느 날, 조 랜프트가 동료 제작자인 존 래시터, 피트 닥터, 앤드루 스탠턴과 점심을 먹으며 가볍게 토론을 하던 중에 제안한 아이디어였다. 점심시간에 나온 아이디어 덕분에 〈벅스 라이프〉, 〈몬스터 주식회사〉, 〈니모를 찾아서〉 그리고 2008년 개봉된 〈월·E〉까지 4편의 픽사 영화가 탄생했다.[11]

"월·E는 좋아할 수밖에 없는 '로빈슨 크루소' 로봇이에요." 스탠턴이 말했다. "지구에 홀로 남아 스스로 일하는 마지막 로봇이잖아요. 마음이 갈 수밖에 없죠."

스탠턴과 닥터는 '쓰레기 행성Trash Planet'이라는 이름으로 〈월·E〉의 초기 스토리를 함께 만들어 나갔다. 〈니모를 찾아서〉 제작을 마무리하고 〈월·E〉의 감독을 맡게 된 스탠턴은 두 로봇의 사랑 이야기라는 소재에 큰 흥미를 느꼈다. "한 번도 본 적 없는 다른 종류의 기계에 반하는 모습이 어딘가 사랑스럽게 느껴졌죠." 스탠턴은 로봇이 오래된 가정용 비디오 플레이어에서 뮤지컬 〈헬로, 돌리!〉를 보고 사랑의 개념을 갖게 되었다고 생각했다. 그리고 이 이야기의 정서를 함축적으로 담고 있는 핵심 이미지를 구상해 냈다. "식물이었어요." 지구의 쓰레기 더미 사이에서 자라난 초록 새싹은 지구의 재생과 인간성 회복에 대한 희망을 보여 주는 존재였다. 스탠턴은 영화의 주제를 이렇게 설명했다. "비이성적인 사랑은 삶의 프로그래밍을 설명할 수 없다." 함께 각본을 쓴 짐 리어던Jim Reardon도 월·E는 이브를 처음 본 순간부터 사랑에 빠진 것이라 덧붙였다.

스탠턴은 대사를 최소화해야 한다고 생각했다. 로봇들은 기계음만 낼 수 있고 〈스타워즈〉 시리즈에서 R2-D2의 소리 등 여러 사운드를 만들어 낸 유명 사운드 디자이너 벤 버트Ben Burtt가 기계음 작업을 맡았다. 스탠턴은 로봇들이 소리 내어 말하지는 않지만 버트와 애니메이터들이 참고할 수 있도록 괄호 안에 모든 대사를 쓴 대본을 만들었다. 애니메이터들은 일 년 내내 매일 찰리 채플린Charlie Chaplin, 버스터 키턴Buster Keaton, 해롤드 로이드Harold Lloyd의 무성 영화를 보며 연구했다. 스탠턴이 말했다. "시각만으로 표현할 수 있는 한계가 있다는 생각이 사라지게 됐죠."[12]

이 획기적인 영화는 개봉하자마자 비평가와 관객들에게 큰 호평을 받았으며 아카데미 장편 애니메이션상을 받고 다른 4개 부문 후보에 올랐다. 2010년 《타임》지는 지난 10년간 제작된 최고의 영화 중 하나로 〈월·E〉를 선정했다.

작품 설명

1: 새 생명

앤드루 스탠턴 감독은 쓰레기 속에서 살아나려고 애쓰는 작은 새싹의 모습이 〈월·E〉의 핵심 이미지라고 설명한다. 방대한 이야기 속에서 어찌할 바를 모를 때면 이 이미지를 생각하며 다시 중심을 잡았다고 한다. 존 리의 디지털 조명 스터디.

2: 쓰레기 더미 지구

폐허가 된 체르노빌 등에서 영감을 받아 쓰레기가 쌓여 있는 종말론적인 모습, 유령 도시 같은 분위기로 버려진 지구의 풍경을 디자인했다. 폴 토폴로스Paul Topolos의 디지털 아트.

3: 월·E와 이브

청소 로봇 월·E와 매끈하게 빛나는 이브의 상반된 모습이 두드러지게 표현된 스케치. 스탠턴은 말한다. "이 작품이 사랑 이야기가 되어야만 한다는 생각은 절대 변하지 않았어요." 랠프 에글스턴의 디지털 아트.

인사이드 아웃

피트 닥터 감독은 〈몬스터 주식회사〉에서 몬스트로폴리스를 만들어 냈고 〈업〉에서 풍선으로 집을 띄웠다. 그리고 2015년 개봉된 〈인사이드 아웃〉에서는 공동 감독을 맡은 로니 델 카르멘Ronnie del Carmen과 함께 사람의 머릿속으로 들어가 보았다. 부모님을 따라 미네소타에서 샌프란시스코로 이사를 하게 되면서 완전히 뒤바뀐 삶에 혼란을 겪는 11살 소녀 라일리의 머릿속이었다. 닥터는 어린 시절 덴마크로 이사를 갔던 자신의 기억과 이제 막 사춘기에 접어든 딸을 생각하며 이야기를 썼다. "대체 무슨 생각을 하는 걸까?" 닥터는 딸을 보며 생각을 했다.[13]

제작진은 이 질문에 대답하기 위해 과학자와 신경학자, 심리학자 등 전문가의 도움을 받아 생각과 감정이 어떻게 이루어지고 사춘기를 겪으며 어떻게 달라지는지 이해하고자 했다. "감정이 27개나 있다고 말하는 심리학자도 있어요." 닥터가 말했다. "영화에서는 5개 감정을 다루어 보기로 했죠." 그렇게 해서 기쁨과 슬픔, 버럭, 소심, 까칠이 주인공이 되었다.

〈인사이드 아웃〉의 배경은 머릿속이지만 뇌는 아니다. 닥터가 보여 주고자 한 것은 혈관이나 신경 세포가 아니었다. 제작진은 기억이나 무의식처럼 추상적인 개념들을 시각화했다.[14] "실체가 없는 상태에서 시작했지만 디자인이 진행되면서 서서히 형태와 구조가 생겨났죠." 닥터의 설명이다. 기쁨을 비롯한 다섯 감정들은 라일리의 머릿속 감정 컨트롤 본부에서 온종일 라일리를 관리한다. 무의식은 비밀스럽고 어두운 공간으로, 장기 기억 보관소는 젤리 공장 같은 모습으로 만들어졌다. 기억들은 깨질 수 있어 조심히 다루어야 하는 밝게 빛나는 구슬로 시각화되었고, 무대와 소품이 있는 대형 촬영 스튜디오로 디자인된 꿈 제작소에서 꿈이 만들어진다.

캐릭터 슈퍼바이저 사잔 스카리아Sajan Skaria는 감정의 모습을 설정하는 일이 가장 어려웠다고 말한다. "단순히 조그만 사람이 아니에요. 감정들은 에너지로 이루어져 있죠." 닥터의 설명이다. 기쁨을 둘러싼 광채와 기쁨의 피부에서 뿜어져 나오는 밝은 빛의 입자 표현은 처음 시도되는 것이어서 새 소프트웨어를 개발해야 했다.

제작진은 다른 두 세상인, 현실 세상과 라일리의 머릿속 생각과 감정, 기억의 세상을 모두 만들어 냈다. "영화를 두 편 만드는 것 같았죠." 프로덕션 디자이너 랠프 에글스턴이 말했다.

2015년 칸 영화제에서 처음 공개된 〈인사이드 아웃〉은 극찬을 받았고 아카데미 장편 애니메이션상을 수상했으며 수많은 관객과 비평가가 영화의 독창성과 감정에 크게 감동했다.

작품 설명

1: 빙봉

빙봉은 제작진이 구상한 라일리의 상상 속 친구 중 하나다. 다른 친구들은 이야기 흐름에 맞지 않아 결국 등장하지 못했다. 핑크 코끼리와 줄무늬 고양이가 섞여 있는 빙봉은 무지개 연기가 뿜어져 나오는 수레를 움직인다. 랠프 에글스턴의 디지털 페인팅.

2: 기쁨

초반 콘셉트 아트를 보면 감정 캐릭터들이 빛 에너지로 감정을 색칠할 수 있었다. 랠프 에글스턴의 디지털 페인팅.

코코

〈토이 스토리 3〉의 제작을 마친 언 크리치는 세상을 떠난 이들을 기리는 멕시코의 활기 넘치는 명절 '망자의 날'을 배경으로 하는 〈코코〉에 열을 올렸다. 2017년 개봉된 〈코코〉는 픽사에서 처음으로 라틴계 캐릭터가 주연으로 등장한 영화였다. 언크리치는 가장 보편적인 주제인 가족의 소중함에서 이 이야기가 시작된다고 보았다. 언크리치 감독, 공동 감독과 각본을 맡은 에이드리언 몰리나Adrian Molina, 프로듀서 달라 앤더슨Darla Anderson, 프로덕션 디자이너 할리 제섭을 비롯한 제작진은 여러 차례의 멕시코 답사[15]를 통해 멕시코의 가족들이 다음 세대에게 문화적 관습을 전하는 모습을 직접 지켜볼 수 있었다. 라틴계 팀원들이 해 주는 이야기에 귀 기울였고 라틴 문화 전문가에게 자문을 구해 아이디어를 얻기도 했다.

〈코코〉의 주인공 12살 소년 미구엘 리베라는 멕시코 영화의 황금기인 1930년대 스타 영화배우이자 기타리스트인 에르네스토 델라 크루즈를 선망하며 그처럼 성공한 뮤지션이 되기를 꿈꾼다. 하지만 음악을 금지하는 가족들 때문에 쌓여 온 반항심이 '망자의 날'에 터지고 만다. 그 과정에서 해골이 걸어 다니고 환상 속 동물들이 날아다니는, 리베라 가족의 오랜 비밀이 숨겨져 있는 오색찬란한 세상에 들어서게 된다.

제작진은 미구엘이 사는 마을을 음악의 수호성인 산타 세실리아로 이름 짓고 햇볕이 내리쬐는 낮의 색감들로 꾸몄고, 반면 죽은 자들의 세상은 화려한 밤의 색감들로 구성해 대비를 주었다. 멕시코의 일상 풍경도 많이 담겨 있는데, 혓바닥을 늘어뜨리고 다니는 멕시코의 토착 견종 솔로가 미구엘의 의리 있는 친구로 등장하고, 전통 종이 공예 파펠 피카도를 활용한 2차원 이미지들로 영화 도입부를 구성했다. 대부분 라틴계 배우들이 캐릭터를 연기했고 몇몇 메인 캐릭터는 영화 내내 스페인어를 섞어 쓰기도 한다.

〈코코〉는 '망자의 날' 일주일 전인 2017년 10월 20일 멕시코 모렐리아 국제 영화제에서 처음 상영되었고 멕시코 역사상 가장 큰 수익을 올린 애니메이션 영화가 되었다. 미국에서는 2017년 11월 22일에 개봉했고 아카데미에서 2개 부문을 석권했는데 장편 애니메이션상과 크리스틴 앤더슨-로페즈Kristen Anderson-Lopez와 로버트 로페즈Robert Lopez의 '기억해 줘Remember me'로 주제가상을 받았다.

작품 설명

1: 화려한 배경
"멕시코의 대담하고 풍부한 색감은 정말 특별해요." 프로덕션 디자이너 할리 제섭의 설명이다. 로버트 콘도가 작업한 에르네스토 델라 크루즈의 공연 무대 배경.

2: 제단
사랑하는 가족들을 기리는 제단 앞에서 있는 미구엘. 죽은 자들을 잊지 않고 기억하기 위해 사진이나 음식 등을 제단 위에 올려 둔다. 셸리 완Shelley Wan의 디지털 아트.

3: 꿈꾸는 소년
별을 바라보고 있는 미구엘. 언크리치 감독은 말한다. "우리 모두는 앞서 살았던 이들의 어깨 위에서 세상을 바라보죠." 로버트 콘도가 레이아웃을 맡은 에르네스토 네메시오Ernesto Nemesio의 디지털 아트.

1

2

3

소울

아카데미 2관왕 피트 닥터 감독은 새로운 작품 〈소울〉을 제작 중이던 2018년, 픽사의 최고 크리에이티브 책임자로 승진했다. 닥터는 새 직책을 수행하면서 제작을 마무리했고 2020년 〈소울〉이 개봉되었다. "어떤 것들이 나를 만드는 걸까? 바로 나!" 이 영화는 우리 모두가 갖고 있는 의문을 던진다. 중학교 밴드부 선생님 조 가드너는 재즈 전설인 도로테아 윌리엄스와 함께 연주하는 일생일대의 기회를 얻게 된다. 하지만 한순간 발을 헛디뎌 뉴욕의 거리에서 태어나기 전 세상으로 떨어지고 만다. 태어나기 전 세상은 새로운 영혼들이 지구에 오기 전 성격과 개성, 흥미 등을 갖게 되는 환상적인 공간이다. 프로듀서 데이나 머리Dana Murray는 〈소울〉이 그 누구도 가 본 적 없는 세상으로 관객들을 초대한다는 점에서 〈인사이드 아웃〉과 비슷하다고 말했다. 반면 각본과 공동 감독을 맡은 켐프 파워즈Kemp Powers는 〈소울〉은 지금까지 피트가 작업한 영화들과 완전히 다른 방향성을 지닌다고 설명했다.[16]

조는 '유 세미나'에서 인간의 삶에 아무 흥미도 느끼지 못하는 22를 만난다. 닥터는 22의 태도가 "전부 뻔하고 따분해. 무슨 상관이야? 다 필요 없어."를 외치는 십 대 같다고 설명했다. 22의 목소리를 연기한 티나 페이Tina Fey는 각본 작업에 일부 참여하여 22의 대사를 쓰기도 했다. 결국 조와 22는 팀을 이뤄 조의 영혼을 지구에 있는 몸에 되돌려 놓기 위해 우주를 누비는 여정을 함께 한다.

제이미 폭스Jamie Foxx가 목소리를 연기한 조 가드너는 강박적인 예술가 또는 무언가를 강하게 열망하는 사람의 전형적인 모습을 보여 주는데 파워즈는 이러한 열망이 삶의 다른 영역들을 어떻게 해치는지도 보여 준다고 설명했다. 닥터가 말했다. "30년 동안 애니메이션 일을 했어요. 이 일을 사랑하고 절대 질리지도 않지만, 결국 이게 삶의 전부가 될 수 없다는 걸 깨달았죠." 〈소울〉은 이러한 질문을 던진다. "마지막 순간에 삶을 되돌아볼 때 '지구에서의 짧고 귀한 시간 동안 내가 마음을 쏟고 몰입한', 정말로 소중한 것은 과연 무엇일까?"

닥터와 제작진은 다양한 종교와 문화 전통을 대표하는 이들과 영혼의 정의에 대해 논의하며 이 형체 없는 개념을 시각화하는 데 도움을 받았다. "그동안 작업했던 장난감이나 자동차 같은 물건은 실체가 명확하고 참고하기도 쉬웠죠. 이건 큰 도전이었어요." 닥터의 설명이다. 파워즈는 "왜 사람마다 다른 성격을 갖게 되는지부터 왜 제일 좋아하는 스포츠 팀은 계속 실망만 안겨 주는지까지." 삶이 왜 이렇게 흘러가는지를 영혼의 세계에서 보여 주고자 했다고 말한다. 닥터는 〈소울〉이 모두가 공감할 수 있는 방식으로 우리 자신의 존재에 대한 거대한 질문에 다가가고 있다고 믿는다.

작품 설명

1: 유 세미나
조는 지구에 가기 전 영혼들을 가르치는 유 세미나에 참석하게 된다. 아티스트들이 상상한 천상의 공간은 영적 세계와 대학 캠퍼스가 혼합된 느낌이었다. 그 결과 아주 부드럽고 신비로운 공간이 만들어졌다. 스티브 필처Steve Pilcher의 디지털 아트.

2: 재즈 클럽의 조
그대로 현실감 있게 그려진 〈소울〉 속 뉴욕의 디자인은 영혼들이 있는 천상의 세계와 대비를 이루기 위해 불쾌한 현실을 그대로 보여 준다. 할리 제섭의 디지털 아트.

3: 손가락과 건반
픽사의 아티스트들은 뉴욕의 여러 재즈 클럽을 돌며 연주자들을 스케치하고 재즈의 즉흥성을 이해하고자 노력했다. 영화의 분위기 전반에 이러한 노력이 배어 있다. 팀 에벳Tim Evatt의 디지털 아트.

1: 마법으로 채워진 하늘
마법의 순간을 함께하고 있는 이안, 발리 그리고 아빠의 반쪽.
카일 맥너턴Kyle Macnaughton의 디지털 아트.

SECTION 5

놀라운 여정

"모험을 하려면 삶의 위험을 감수해야 한다."
〈온워드〉의 만티코어는 말한다. 많은 픽사 영화들은
자신을 찾기 위해 집에서 먼 길을 떠나 즐거움과 모험을
마주하게 되는 여정을 담고 있다.

벅스 라이프
니모를 찾아서
업
굿 다이노
온워드

벅스 라이프

1995년 첫 영화 〈토이 스토리〉의 개봉 전부터 픽사는 다음 작품인 〈벅스 라이프〉를 작업하기 시작했고 1998년 개봉했다. 열심히 식량을 모으며 겨울을 준비하는 개미와 노래만 부르는 게으른 베짱이가 등장하는 이솝 우화 〈개미와 베짱이〉에서 영감을 받았다. 픽사는 질문을 던진다 : 베짱이가 개미의 식량을 그냥 빼앗을 수 있다면?

〈벅스 라이프〉는 매년 모아 둔 식량을 흉악한 메뚜기들에게 바쳐야 하는, 겁에 질린 개미 왕국을 배경으로 한다. 거침없이 의견을 내놓는 괴짜 개미 플릭은 상황을 바꾸기 위해 나선다. 도움을 요청하기 위해 용감하게 왕국을 떠났지만, 플릭과 함께 돌아온 삼류 곤충 서커스단은 괴롭힘당하는 개미 왕국을 구원할 용맹한 전사처럼 보이지는 않는다.

제작진은 첫 작품의 성공 후 다음 작품의 부담을 알고 있었기 때문에 〈토이 스토리〉와 견줄 수 있는 좋은 작품을 만들어야 한다고 생각했을 뿐 아니라 더 큰 규모의 작품을 만들고 싶어 했다. 와이드스크린 시네마스코프로 제작을 진행했고 프레임 안에 디테일 요소를 훨씬 많이 넣을 수 있는 만큼 작업량도 늘어났다. 그 결과 수천 마리의 개미가 등장하는 웅장함을 연출할 수 있었다.[17]

사실 제작진이 가장 먼저 한 일은 사무실 밖으로 현장 학습을 나가는 것이었다. 바퀴가 달린 조그만 수레를 만들고 '벅캠bugcam'이라 이름 붙인 카메라를 담아 끌고 다니며 땅 바로 위의 모습을 촬영했다. 이 촬영 영상은 아주 중요한 사실을 알게 해 주었는데 개미의 시선에서 보는 풀과 나뭇잎, 꽃들은 반쯤 투명하고 끊임없이 바람에 한들거렸다. 군중 장면을 연출하는 것도 어려운 문제였다. 개미 왕국을 표현하려면 배경이 되는 수백 마리의 개미가 한 장면에 동시에 보이면서 모두 자연스럽게 움직여야 했다. 이 연출을 위해 특수 소프트웨어가 개발되었다. 개미들을 더 매력적으로 표현하기 위해 단순화했고 여섯 개의 다리로 기어 다니는 모습이 아니라 두 팔과 두 다리가 있고 서서 걷는 모습으로 그려졌다.

수많은 캐릭터와 여러 서사가 얽혀 있는 복합적인 스토리, 방대한 애니메이션 작업량에도 불구하고 영화는 완성되었다. 음악 작업은 아카데미상 수상자인 랜디 뉴먼이 맡았다. 1998년 개봉된 〈벅스 라이프〉는 관객과 비평가들에게 큰 환영을 받았다. "픽사의 영화 중에 〈벅스 라이프〉가 가장 아름다운 것 같아요." 픽사의 감독 리 언크리치가 말했다. "정말 멋져요. 마치 그림이 살아 움직이는 것 같죠."[18]

작품 설명

1: 개미 왕국
식량을 모으는 개미들의 모습을 보여 주는 콘셉트 아트. 지프위 보도에의 레이아웃, 티아 W. 크래터의 아크릴 작업.

2: 메뚜기의 공격
메뚜기의 공격을 피해 도망가는 개미들. 지프위 보도에의 아크릴 콘셉트 아트.

3: 나뭇잎 다리
영화 기획에 핵심적인 역할을 한 이미지. 땅에서 촬영한 영상 중 곤충 세계의 장엄함을 포착한 장면으로 반투명한 나뭇잎에 햇빛이 비쳐 반대편에 있는 곤충들의 실루엣이 드러나 있다. 빌 콘Bill Cone의 레이아웃, 티아 W. 크래터의 아크릴 작업.

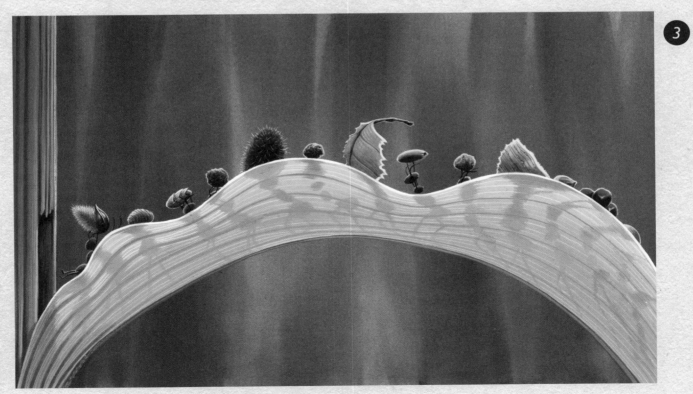

니모를 찾아서

  2003년 개봉된 〈니모를 찾아서〉는 아들을 과잉보호하던 흰동가리 말린이 잃어버린 아들을 찾기 위해 나서고, 도리라는 이름의 블루탱을 만나 여정을 함께하는 이야기다. 4편의 픽사 장편 애니메이션 각본에 참여하고 〈벅스 라이프〉의 공동 감독이었던 앤드루 스탠턴이 각본과 감독을 맡았다. 바닷속을 배경으로 하는 아이디어는 1993년 〈토이 스토리〉 제작이 막 시작되었을 때부터 제안된 것이었다. 스탠턴은 아쿠아리움에서 본 물고기와 어린 아들을 과잉보호하는 자신의 모습에서 영감을 받았다. 애니메이션 영화에선 시도된 적 없었던, 아이가 아닌 부모의 시선에서 들려주는 이야기를 만들어 보기로 한 것이다.[19]

  픽사에서는 장난감이나 곤충, 몬스터처럼 두 발로 걷는 캐릭터를 주로 제작해 왔기에, 물고기는 완전히 낯선 소재였다. 제작진은 아쿠아리움에서 물고기를 관찰하고 스쿠버다이빙으로 바닷속에 들어가 산호초 환경을 연구했으며 동물 생리학 교수를 초빙해 조언을 구했다. 애니메이터들은 감정을 표현하는 눈썹 움직임을 더해 표정이 풍부한 얼굴을 그려 냈고, 물론 말도 할 수 있게 만들어 주었다.

  바닷속을 표현해 내는 일도 쉽지 않았다. 초반의 작업은 만족스럽지 못했다. 실제 바닷속을 촬영한 장면을 3개의 짧은 부분으로 나누어 옮겨 그리자 가능성이 보였다. 결과물은 아주 성공적이었다. 너무 사실적으로 잘 만들어서 그럴듯해 보이기 위해 수정이 필요할 정도였다. "1940년대에 제작된 3색 테크니컬러 영화처럼 사물의 윤곽이 부드럽게 표현되고 온화한 느낌을 주는 CG 애니메이션 영화를 늘 만들고 싶었어요." 프로덕션 디자이너 랠프 에글스턴의 설명이다. "현실 그대로 복제하는 게 아니에요. 현실 속 모습을 면밀히 관찰해서 다시 그려 내는 것이죠."

  〈니모를 찾아서〉는 3년 반 동안 제작되었다. 첫 관객 시사회를 마치자마자 엄청난 작품을 만들어 냈다는 것을 느낄 수 있었다. 영화는 일반적인 개봉 시기인 11월이 아닌 5월에 개봉되었고 여름 극장가를 사로잡았다. 그 해 두 번째로 큰 수익을 낸 영화였으며 아카데미 장편 애니메이션상을 받았다.

  10주년 기념 〈니모를 찾아서〉 3D 재개봉을 준비 중이던 2010년, 스탠턴은 속편 제작을 위한 아이디어를 생각하고 있었다. 〈니모를 찾아서〉 장면 속 도리의 대사, "나는 모든 일을 잘 잊어버려. 우리 가족 내력인데 음, 그러니까, 그런 것 같아…… 흠……. 근데, 우리 가족은 어디에 있지?"에서 시작된 아이디어였다.[20] 〈도리를 찾아서〉는 기억을 잘 하지 못하는 블루탱 도리가 헤어진 가족과 다시 만나는 이야기다. 2016년에 개봉했는데 역시 흥행에 성공했다.

작품 설명

1: 낭떠러지
도리와 니모, 말린 뒤편의 안전한 산호초 지대가 광활하게 펼쳐진 미지의 바다와 대비되는 팀 에뱃Tim Evatt의 〈도리를 찾아서〉 디지털 페인팅.

2: 소용돌이치는 바다
〈도리를 찾아서〉 속 조명은 위치와 시간 정보를 반영해 연출되었고 슬픔과 불안, 기쁨 등 캐릭터의 감정적인 상태도 돋보이게 해 주었다. 랠프 에글스턴의 디지털 페인팅.

3: 해파리
〈니모를 찾아서〉에서 말린과 도리가 맞닥뜨린 해파리 떼. 영화의 색감은 계속 변화하는데 산호초 지대의 옅은 푸른빛이 위험이 가득한 바다로 나아가며 짙어지고, 시드니 항구에 가까워지면 초록빛을 띠게 된다. 랠프 에글스턴의 파스텔 드로잉.

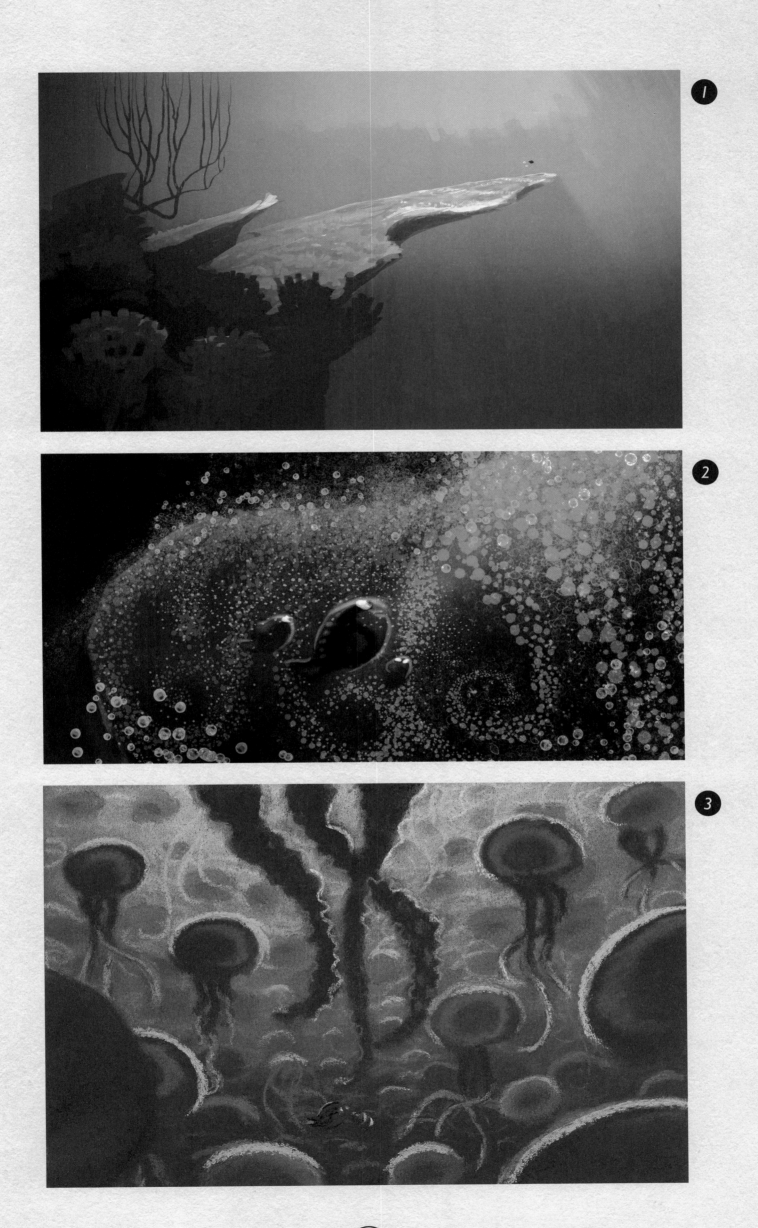

업

　피트 닥터 감독의 두 번째 작품 〈업〉은 닥터가 늘 꿈꿔 온 '탈출'이란 소재에서 시작되었다.[21] 〈몬스터 주식회사〉의 제작을 마친 닥터는 하늘에 떠 있는 도시를 떠올렸고 〈업〉의 감독과 각본을 함께 맡은 밥 피터슨[Bob Peterson]과 아이디어를 정리해 떠다니는 집을 만들어 보기로 했다. 그리고 〈업〉은 2009년 개봉되었다. 닥터는 "세상에서 가장 행복한 풍선을 파는 불평 많은 노인"을 익살스럽게 그려 냈다. 모험을 좋아했던 아내 엘리와 행복한 일생을 함께했지만 엘리가 세상을 떠난 후 홀로 남게 된 칼 프레드릭슨이었다. 엘리와 함께 꿈꾸었던 남아메리카의 파라다이스 폭포에 가지 못한 것이 칼에게는 큰 후회로 남았다. 영화는 두 사람이 함께한 인생의 순간들을 몽타주로 보여 주며 시작되고, 이 장면들은 영화 속 감정의 핵심을 이룬다. 칼은 엘리와의 약속을 지키기로 결심하고 수천 개의 풍선을 매달아 집을 하늘 위로 띄운다. 제작진은 〈업〉은 "끝나지 않은 사랑 이야기"이며 "노인의 성장 이야기"라고 설명한다. 전설적인 배우 애드 애스너[Ed Asnerle]가 칼의 목소리 연기를 맡았고 칼의 모습은 제작진 모두의 할아버지와 스펜서 트레이시[Spencer Tracy], 월터 매소[Walter Matthau] 등의 배우를 참고하여 만들었다. "이 불평 많은 노인에게는 어딘가 다정한 구석이 있어요." 닥터의 설명이다. 또 다른 주인공인 여덟 살 소년 러셀의 모습은 〈굿 다이노〉의 감독을 맡는 피터 손[Peter Sohn]을 모델로 디자인했다. 칼이 엘리를 그리워하듯 러셀도 아빠를 그리워한다. 칼의 삶에 들어온 러셀은 칼에게 새로운 에너지를 불어넣어 과거를 놓아 보내고 다시 힘을 낼 수 있게 해 준다. 닥터는 말한다. "이 영화는 코미디도 아니고 우정 영화도 아니에요. 이건 사랑 이야기입니다."

　영화 속 대장정에는 러셀이 '케빈'이라 부르는 신비하고 거대한 새와 말하는 개 '더그'처럼 형형색색의 캐릭터가 함께해 매력적이면서도 깊은 감동을 주는 이야기를 완성한다. 〈업〉은 대성공을 거두며 흥행했고 아카데미 장편 애니메이션상과 음악상을 수상했다.

작품 설명

1: 미지의 세계
애니메이터들은 남아메리카 배경 디자인을 위해 열대 우림 속에 1.5km 높이의 테이블처럼 생긴 산들이 있는 이색적인 테푸이 지형 탐사를 떠났다. 루 로마노[Lou Romano]의 구아슈 페인팅.

2: 칼의 집
제작진이 연출하고자 했던 기발함이 담겨 있는 그림. 프로듀서 조나스 리베라[Jonas Rivera]는 "'옛날 옛적에'로 시작될 것 같은 느낌"이라고 설명했다. 루 로마노의 구아슈 페인팅.

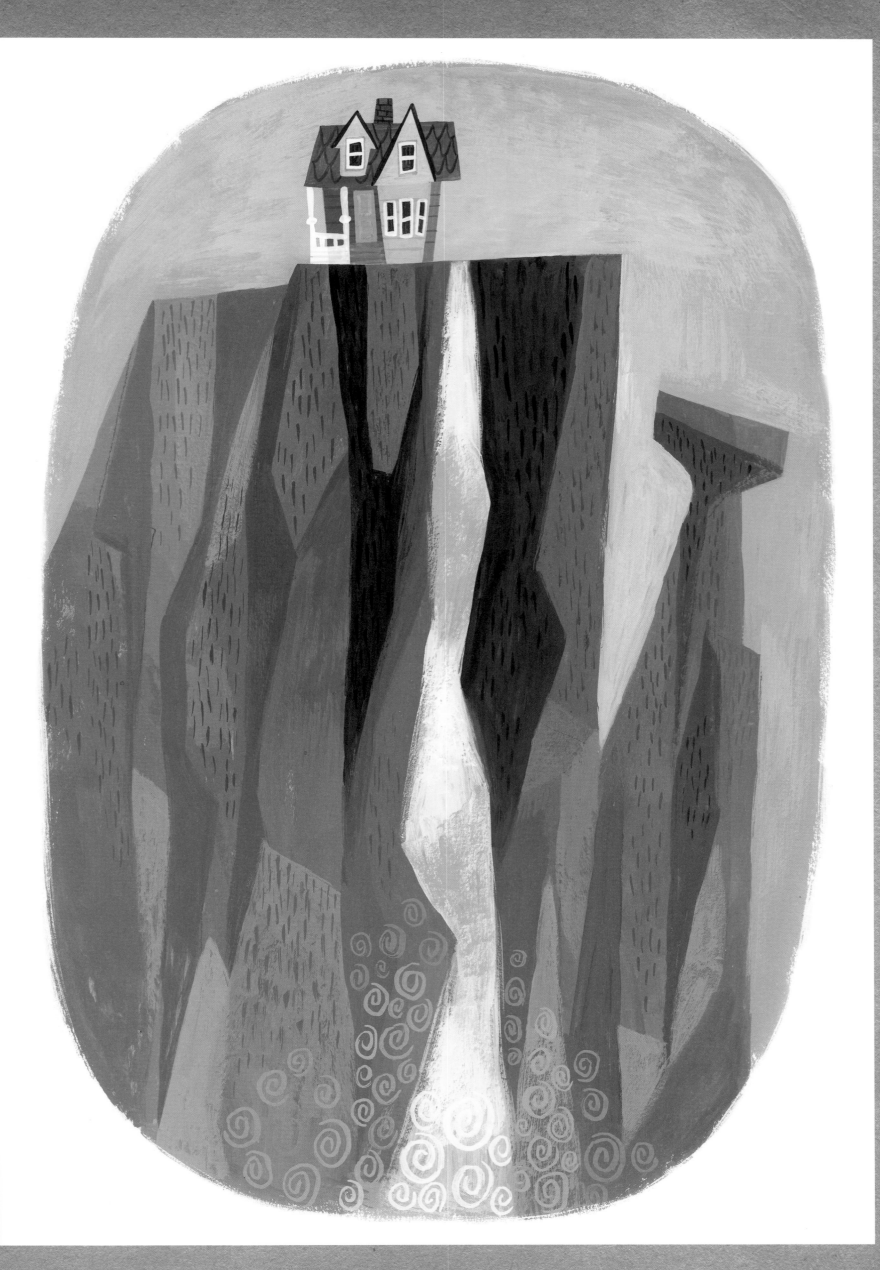

굿 다이노

만약 6천5백만 년 전 공룡을 멸종시켰던 소행성이 지구를 비껴갔다면? 〈굿 다이노〉는 2009년 〈업〉의 공동 감독 밥 피터슨의 아이디어에서 시작되었다. 피터슨은 어릴 적 뉴욕 세계 박람회에서 보았던 공룡 로봇에 대한 기억을 되살려, 길을 잃은 어린 아파토사우루스 알로가 거침없는 인간 소년 스팟과 친구가 되어 가는 이야기를 썼다. 2015년에 개봉된 〈굿 다이노〉는 피터 손의 장편 데뷔작이다. 손은 단편 〈구름 조금〉을 감독하고 픽사의 여러 작품에 스토리 아티스트로 참여했었다. 각본은 〈인사이드 아웃〉의 각본에 참여했던 멕 레포브Meg Lefauve가 맡았다. 제작진은 처음부터 이 영화를 고전적인 소년과 강아지의 이야기로 생각했다. "한 가지 다른 점은, 우리 이야기에서는 소년이 공룡이고 강아지가 소년이라는 것이죠." 손이 말했다.22)

제작진은 공룡 화석이 많이 발견된 미국 북서부 와이오밍과 아이다호의 구릉 지대에서 현장 조사를 진행했다. 미국 지질조사국 지도와 구글 어스 위성 사진을 이용해 먼 거리의 지형까지 구성할 수 있어서 각도의 제한 없이 카메라를 자유롭게 쓸 수 있었다. 농장을 둘러보며 초식 공룡인 알로는 농사를 짓고 육식 공룡인 티라노사우루스는 소를 키우는 설정에 대한 아이디어를 얻었고 소 떼를 모는 장면 연출을 위해 고전 서부 영화를 다시 보기도 했다. 세트 슈퍼바이저 데이비드 무니어David Munier는 산사태나 흙더미 같은 영화 속 위험 요소에 대해 설명하며 환경 자체를 "알로가 여정에서 만나게 되는 악역"으로 연출하고자 했다고 말했다. 폭풍 구름마저도 굉장한 악당처럼 느껴지는데 처음으로 손으로 그려 제작하지 않고 구름 전체를 3D 기술을 활용해 더욱 실감 나게 표현했다.

알로를 디자인하기 위해서는 동물원에 가서 공룡처럼 커다란 네발 동물인 코끼리의 움직임을 관찰하고, 크기를 실감하기 위해 두꺼운 종이와 스티로폼으로 실물 크기의 공룡을 만들기도 했다.

〈굿 다이노〉는 파리의 초대형 극장 르 그랑 렉스Le Grand Rex에서 독점 공개되었고 이후 미국과 영국에서 개봉되었다. 엄청난 노력을 투입해 시각적 스토리텔링에 집중하고 대사를 최소화한 〈굿 다이노〉에는 간결함의 미학이 담겨 있다.

작품 설명

1: 강에 떨어지는 알로
손은 떠내려가는 강이 알로의 감정적 여정을 의미하길 바랐다. 알로가 혼란을 느낄 때면 물살이 매섭고 마음이 평화로울 때는 강물도 잔잔하다. 노아 클로첵Noah Klocek의 콘셉트 아트.

2: 황량한 서부
프로덕션 디자이너 할리 제섭은 고전 서부 영화에서 많은 영감을 받았다. 애니메이터 케빈 오하라Kevin O'Hara에 따르면 손 감독도 공룡들이 마치 서부극의 주인공 카우보이처럼 보이길 원했다고 한다. 맷 애즈버리Matt Aspbury가 레이아웃을 구성한 크리스티안 노렐리어스Kristian Norelius의 세트 디자인.

3: 언덕 위의 집
제작진이 와이오밍과 아이다호 답사 후 "광활한 평지와 고원, 천둥이 치는 강과 환상적인 산의 능선은 거대한 공룡마저도 작은 존재로 느껴지게 한다."는 사실에 큰 영감을 받았다고 손 감독은 말했다. 에릭 벤슨Erik Benson이 레이아웃을 구성한 샤론 칼라한Sharon Calahan의 라이팅 스터디.

4: 알로와 스팟
몇 개의 선만으로 주인공 알로와 스팟의 끈끈한 유대를 표현한 로사나 설리번Rosana Sullivan의 스토리보드 프레임.

1

2

3

4

온워드

댄 스캔런은 〈몬스터 대학교〉의 각본과 감독을 맡고 〈카〉와 〈토이 스토리 3〉의 스토리 아티스트였으며 〈메리다와 마법의 숲〉, 〈인사이드 아웃〉의 시니어 제작진이었는데, 2017년에는 교외를 배경으로 판타지 세상을 그린 영화를 2020년 개봉 예정으로 감독한다는 소식이 발표되었다.

〈온워드〉라고 이름한 영화는 휴대폰부터 패스트푸드까지 현대 사회의 편리함이 마법을 대체해 버린 세상을 배경으로 한다. 마법을 쓰는 종족이었던 엘프와 트롤은 이제 교외에서 살아가고 스캔런의 설명대로라면 "70년대의 승합차 안쪽에나 쌓여 있을 법한" 것들도 전부 이곳에 있다. 유니콘은 더 이상 환상속 동물이 아니라 음식을 찾아 쓰레기통을 뒤질 뿐이다. 스캔런은 이렇게 설명했다. "이 영화에는 판타지와 일상이 섞여 있어요."23)

영화는 엘프인 발리와 이안 라이트풋 형제를 중심으로 흘러간다. 형 발리는 내성적인 동생 이안에 비해 의욕이 넘치고 모험을 좋아해 오랜 친구인 낡은 밴, 귀네비어를 타고 돌아다니는 것을 좋아한다.

이안이 16살이 되자 엄마는 이안이 태어나자마자 세상을 떠난 아빠가 남긴 선물, 마법 지팡이와 피닉스 젬을 두 형제에게 준다. 24시간 동안 아빠를 살릴 수 있는 마법 주문도 함께였다. 하지만 주문은 반만 효과가 있었고 아빠의 하반신만 되살아나게 된다. 피닉스 젬이 파괴되어 버렸기 때문에 두 형제는 아빠를 온전히 되살리기 위해 24시간 안에 다른 피닉스 젬을 구해야만 한다.

"픽사에서는 개인 삶의 진실 속에서 생기는 이야기를 만들어 내고자 노력하죠." 스캔런이 말했다. "이 영화는 저와 형의 관계에서 영감을 받았어요."24) 아버지가 세상을 떠났을 때 형이 세 살, 스캔런은 한 살이었다. 십 대가 된 스캔런 형제는 녹음된 아버지의 목소리를 들어 볼 수 있었다. "늘 아버지는 어떤 사람이었을지 궁금했고 그 의문에 대한 답이 이 영화로 만들어졌어요." 스캔런은 말했다.25) "이 영화를 통하여 던지는 질문들을 각자 자신의 삶 속에서 생각해 봤으면 합니다."26)

2

작품 설명

1: 동화 같은 교외 마을

명암 아트 디렉터 버트 베리Bert Berry는 아티스트들이 마을 풍경의 아름다움과 '교외의 일상성'을 모두 담고자 노력했다고 설명한다. 동화 같은 버섯 모양 집에 위성 방송 수신 안테나가 달려 있고 길에는 전선과 가로등이 늘어서 있으며 곳곳에 급수탑도 보인다. 크리스 사사키Chris SaSaki의 디지털 아트.

2: 엘프 형제

발리와 이안 라이트풋 형제는 정반대의 성격을 보여 준다. 발리는 산만한 몽상가이고 이안은 신중하고 조심스럽다. 맷 놀테Matt Nolte의 디지털 아트.

1

1: 레전드
레전드로 알려진 〈카 3〉의 클래식 레이싱 카들은 차뿐만 아니라 실존
인물에서도 영감을 받았다. 제작진은 스톡 카 레이싱의 역사를 연구하고
레이서들과 인터뷰도 진행했다. 개릿 테일러Garrett Taylor의 디지털 콘셉트 아트.

픽사 애니메이션 스튜디오

SECTION 6

꿈을 찾아서

픽사의 영화 속에는 각양각색의 꿈이 있다.
요리사가 되고 싶어 하는 생쥐와 바다 밖 세상에 나가 살아 보고
싶어하는 바다 괴물, 왕자와 결혼하고 싶지 않은 공주까지……

인크레더블
카
라따뚜이
메리다와 마법의 숲
루카

인크레더블

　픽사의 목표 중 하나는 언제나 신선하고 흥미진진한 이야기가 있고 다양한 목소리가 한데 담아지는 스튜디오를 만드는 것이다. 브래드 버드Brad Bird는 존 래시터와 함께 캘리포니아 예술대학에서 애니메이션을 공부했다. 버드의 첫 애니메이션 〈아이언 자이언트〉(워너 브라더스, 1999)가 개봉되고 얼마 지나지 않아 래시터가 버드를 영입했다. 노련한 감독 버드는 새로운 아이디어를 들고 왔고 2004년 〈인크레더블〉을 개봉하게 된다.

　〈인크레더블〉은 초능력 사용을 금지당하고 평범하게 살아야 하는 슈퍼 히어로 가족의 이야기로, 버드가 10년 넘게 만들고 싶어 한 영화였다. 래시터는 버드의 아이디어를 듣고 그 자리에서 매료되었다고 말했다.[27] 버드에게 이 영화는 스파이 영화와 슈퍼 히어로 만화, 좋아했던 TV 쇼 등 젊은 시절의 팝 문화에 대한 헌사와 같다. 영화는 향수를 불러일으키는 1960년대에 생각한 미래 세상을 배경으로 한다. 주인공이 가족과 일 사이의 균형에서 어려움을 겪는 만큼 개인적인 차원에서 생각해 볼 거리도 담겨 있다. 버드는 "늘 당연하게 생각하고 소중함을 모르는 우리 모두에게 주어진 특별한" 것들에 대해 감사하고 싶었다고 말했다.

　인간 캐릭터가 아주 많이 등장하는데 미스터 인크레더블 한 명만 해도 시기나 체중에 따라 다른 모습이 3개나 된다.[28] 래시터는, "컴퓨터로 사람을 그럴듯하게 표현하는 건 정말이지 어려운 일"이라고 말했다. 픽사는 자연스러운 움직임을 연출하기 위해 애니메이션으로 근육 덩어리의 움직임과 형태를 제어할 수 있는 새로운 근육 장치를 개발했다. 인간 캐릭터를 그럴듯해 보이게 하는 데 크게 기여한 또 다른 기술은 '서브서피스 스캐터링'으로 이전까지의 컴퓨터 제작 영화에서 플라스틱처럼 단순하게 표현된 피부와 달리 이 기술을 통해 빛이 피부 표면을 통과했다가 반사되어 나오면서 아주 사실적인 피부 표현이 가능해졌다.

〈인크레더블〉은 픽사 영화 최초로 아카데미 장편 애니메이션상과 음향 편집상, 2개 부문에서 수상을 이루어 냈다. 이 영화는 픽사 영화에 대한 사람들의 인식을 바꾸어 놓았다. 에너지가 넘치는 액션 어드벤처 영화로, 픽사로선 처음으로 보호자 지도가 요구되는 전체 관람가 PG 등급을 받았다.

버드는 영화 제작을 마치자마자 미스터 인크레더블과 미세스 인크레더블의 역할이 역전되고 아기 잭잭의 새로운 초능력들이 등장하는 속편의 중심 이야기를 구상했다. 하지만 〈라따뚜이〉를 비롯한 다른 작업들로 인해 〈인크레더블 2〉는 14년이 지난 2018년에 개봉되었고 큰 환호를 받았다. 〈인크레더블 2〉는 픽사에서 가장 큰 수익을 올린 영화이자 역대 애니메이션 영화 중 세 번째로 많은 이익을 창출한 영화가 되었다.

2

3

——————————————— 작품 설명 ———————————————

1: 미스터 인크레더블
히어로들의 황금기 포스터. 폴 로저스 Paul Rogers의 디지털 아트.

2: 타이틀 콘셉트
복고풍의 미래적인 디자인이 잘 표현된 테디 뉴턴의 초반 타이틀 콘셉트. 〈인크레더블〉은 1960년대의 미래 버전을 배경으로 한다.

3: 엘라스티사이클
엘라스티걸로 알려져 있는 헬렌 파르의 엘라스키사이클은 1960년대 카페 레이서에서 영감을 받아 제작되었고 미래지향적인 형태로 변형을 주었다. 랠프 에글스턴의 디지털 콘셉트 아트.

카

자동차를 아주 좋아하는 존 래시터는 〈토이 스토리〉 이후로 자동차를 다룬 영화를 만들고 싶어 했다. 〈토이 스토리 2〉 제작을 마치고 가족들과 떠난 두 달간의 미국 횡단 여행에서 이 꿈은 현실이 되었다. 여행을 하며 그 영화의 그림이 그려졌다. 잘 나가는 레이싱 카가 신식 고속도로로 대체되어 버린 66번 국도의 쇠퇴한 작은 마을에 갇혀 시간을 보내게 되는 이야기였다. 〈카〉는 2006년 여름 개봉되었고 삶은 목적지가 아니라 여정이어서 속도를 늦추고 천천히 갈 필요가 있다는 것을 보여 주었다.

늘 그렇듯, 대대적인 조사가 진행되었다. 제작진은 경주장과 스톡 카 레이스, 디트로이트에서 열리는 오토 쇼, 66번 국도까지 현장을 찾아다녔다. 프로덕션 매니저 조나스 리베라Jonas Rivera는 아름답고 매력적인 마을에 완전히 반해 버렸다고 말했다.[29] 벗겨진 페인트부터 갈라진 콘크리트 틈 사이에서 자란 풀까지, 이 오래된 마을의 세밀한 모습을 하나도 놓치지 않으려했다. 래시터의 말처럼 정작 컴퓨터 앞에서는 덜 완벽하게 보이려고 온종일 씨름을 하긴 했지만 말이다. 래시터가 감독과 최고 크리에이티브 책임자의 역할을 동시에 하면서 〈카〉 제작에는 6년이 소요되었다.

〈카〉는 큰 성공을 거두었고 아카데미상 후보에 올랐으며 영화의 성공은 기록적인 상품 매출로 이어졌다. TV 애니메이션 스핀오프와 테마파크 놀이기구, 큰 인기를 끈 모형 자동차 장난감 시리즈로 〈카〉는 엄청난 규모의 브랜드가 되었다.

〈카〉 홍보 투어로 세계 곳곳을 누비는 동안 래시터는 속편의 아이디어를 구상했다. 라이트닝 맥퀸이 국제 대회에서 세계 최고의 레이싱 카들과 실력을 겨루게 되는 이야기였다. 픽사는 전편과는 다른 느낌으로 속편을 만들고자 노력했다. 2011년 개봉된 〈카 2〉는 화려한 포뮬러 레이싱 세계를 배경으로 했고 1편에서 편집된 장면을 확장해 히치콕 스타일의 스파이 스토리를 구성해 넣었다. 10년 후 픽사는 다시 한번 차의 세계로 돌아왔다. 브라이언 피Brian fee가 감독을 맡아 2017년 개봉한 〈카 3〉에서는 라이트닝 맥퀸이 차세대 레이싱 카들에 밀려 은퇴당할 위기에 처한다.

작품 설명

1: 허드슨 호넷
〈카〉의 허드슨 박사, 일명 '위대한 허드슨 호넷'은 1950년대 더트 레이싱 시대로의 연결 고리 역할을 한다. 빌 콘의 파스텔 아트워크.

2: 세계 그랑프리
〈카 2〉에서는 4개국을 누빈다. "여행영화 느낌이죠." 카메라 촬영 감독 제러미 래스키Jeremy Lasky가 말했다. 할리 제섭의 디지털 콘셉트 아트.

3: 토머스빌 경주로
〈카 3〉에 등장하는 허드슨 박사의 고향 경주로의 모습은 제작진이 자료 조사 여행 중에 노스캐롤라이나의 시골 길에서 우연히 찾아낸 버려진 더트 레이싱 경기장에서 영감을 받았다. 개릿 테일러Garrett Taylor의 디지털 콘셉트 아트.

1

2

3

라따뚜이

2007년 개봉된 픽사의 여덟 번째 영화 〈라따뚜이〉는 얀 핀카바Jan Pinkava가 심취한 엉뚱한 아이디어에서 시작되었다. 공동 감독을 맡은 얀 핀카바는 1998년 픽사의 단편 애니메이션 〈제리의 게임〉으로 아카데미 상을 받았었는데, 핀카바는 〈라따뚜이〉는 "요리사가 되고 싶어 하는 생쥐"에 대한 영화라고 설명한다.[30]

주인공 레미는 아주 뛰어난 미각을 지닌 생쥐다. 애니메이터들은 생쥐를 사실적으로 묘사하되 관객들이 '요리하는 생쥐'를 받아들일 수 있도록 매력 있게 표현하려 했다. 각본과 감독을 맡은 브래드 버드Brad Bird는 영화 속 생쥐들이 실제 생쥐처럼 네 발로 걷게 했다. 쥐 전문가와 함께 작업하고 생쥐의 움직임과 행동을 면밀하게 관찰했다. 하지만 레미는 두 발로 걷는다는 점에서 남다른 삶을 선택했음을 표현했다. 레미는 요리사로서 앞발을 깨끗하게 유지하고 싶어 한다.

버드는 만화적인 요소가 강한 이야기이기 때문에 영화가 더욱 사실적으로 표현되기를 바랐다. 또 다른 주인공인 호리호리한 인간 캐릭터 알프레도 링귀니는 계속 넘어지고 구르며 픽사의 이전 캐릭터들과는 다른 모습을 보여 준다. "모형 장난감이나 꼭두각시 인형, 스톱 모션 애니메이션에서 느낄 수 있는, 조금은 어색하고 삐그덕대는 모습으로 캐릭터를 연출하고 싶었죠." 핀카바의 설명이다.

❶

❷

또한, 영화의 배경인 파리를 창문 높이와 화려한 철제 장식, 오래된 벽돌 등을 캐리커처처럼 과장해 빛의 도시 파리의 특징을 잘 보여 주는 매력적인 모습으로 표현했다. 많은 이야기가 진행되는 식당 주방은 그럴듯해 보이도록 특히 더 많은 공을 들였다. 식당 디자인을 위해 파리의 유명 식당들을 방문했고 캘리포니아에 돌아와서는 프랑스 스타일로 꾸며진 토머스 켈러Thomas Keller의 식당 프렌치 런드리를 참고했다. 켈러는 영화 속에 등장하는 고급 버전의 라따뚜이를 개발하기도 했다.

〈라따뚜이〉에 대한 전 세계 관객과 비평가들의 반응은 성공적이었고 아카데미 장편 애니메이션상을 수상했을 뿐 아니라 4개 부문 후보에 오르며 역대 컴퓨터 애니메이션 영화 중 가장 많은 부문 후보에 오르는 신기록을 세웠다. 파리를 배경으로 큰 성공을 거둔 첫 애니메이션 영화였던 만큼 특히 파리에서 큰 인기를 끌었고 파리 디즈니랜드에 〈라따뚜이〉를 주제로 한 놀이 기구도 만들어졌다.

3

4

작품 설명

1: 파리의 거리

프로덕션 디자이너 할리 제섭은 파리의 특징을 두드러지게 표현하여 동화 같은 느낌을 연출했다고 강조했다. 할리 제섭의 디지털 컬러 스터디.

2: 식당 주방

오래도록 꿈꿔 온 세계 최고 식당의 주방을 엿보고 있는 레미. 할리 제섭이 레이아웃, 도미니크 루이Dominique Louis가 파스텔 작업을 맡은 콘셉트 아트.

3: 레미의 기회

스토리 슈퍼바이저 제이슨 캐츠Jason Katz는 식당 주방에 있다는 건 연극 무대나 록 콘서트 백스테이지에 있는 것처럼 멋진 기분이라고 말한다.

4: 파리의 지붕

레미와 에밀이 늘 있던 땅 아래가 아닌 건물 위 높은 곳에서 파리의 풍경을 바라보고 있는 장면은 영화의 주요 장면이다. 이 장면은 레미에게 갑자기 사방이 열리고 광활하게 트여 있는 마법 같은 파리를 마주하게 되는 순간이라고 브래드 버드는 설명한다. 할리 제섭의 레이아웃, 도미니크 루이의 파스텔 작업.

메리다와 마법의 숲

2012년 개봉한 〈메리다와 마법의 숲〉은 픽사의 첫 동화이자 중세 스코틀랜드를 배경으로 하는 시대극이다. 활쏘기 실력이 출중한 16살 공주 메리다는 부모님의 바람인 결혼을 거부하고 자신의 길을 선택한다. 브랜다 채프먼Brenda Chapman과 마크 앤드루스Mark Andrews가 감독을 맡았는데, 각본도 쓴 채프먼은 딸과의 관계에서 이 영화가 시작되었다고 설명한다. "우리의 사랑과 대립에 관한 이야기죠." 영화는 고전 동화에서 영감을 받았긴 했지만, 독창적인 이야기를 만들어 냈다. "백마 탄 왕자나 운명적인 사랑이 나타나 공주를 구해 주는 일은 없어요."31)

제작진은 두 차례나 스코틀랜드로 답사를 떠났다. 스코틀랜드의 지형과 사람들은 굉장히 인상적이었지만 영화에 담아내기는 쉽지 않았다. 존 래시터는 이렇게 설명한다. "중세 스코틀랜드는 컴퓨터 애니메이션으로 구현할 수 있는 특성과 거리가 먼 환경이에요. 풀과 야생화가 가득한 숲과 들판, 이끼로 덮인 울퉁불퉁한 바위들……. 인공 조형물도 바위나 나무에서 대충 깎아 내고 강철을 두드려 만들어 불규칙하죠. 왕의 개부터 메리다의 말 앵거스, 핵심적인 역할을 하는 단단한 근육과 털로 뒤덮인 곰 같은 동물들도 있어요. 사람들 얼굴에는 주근깨와 주름이 있고 전부 다른 무게와 질감의 옷을 겹겹이 두르고 있고요. 메리다의 굉장한 머리카락도 잊으면 안 되죠."

완성된 〈메리다와 마법의 숲〉은 2012년 개봉되었고 아카데미 장편 애니메이션상을 받았다. 채프먼은 메리다가 어린 소녀들에게 "자신만의 방식, 혼자만의 힘으로 훌륭한 리더가 될 수 있는" 강한 롤 모델이 되어 주었다고 말했다.

작품 설명

1: 던브로 성
던브로 성 디자인에는 스코틀랜드 하일랜드의 작은 섬 에일린 도난에 있는 13세기 성을 참고하였다. 제작진은 답사 중에 직접 경험한 끊임없이 변하는 날씨도 이야기 속에 반영했다. 스티브 필처의 디지털 아트.

2: 메리다와 곰
곰으로 변해 버린 엄마와 메리다 사이의 드라마틱한 관계 변화를 보여 주는 프로덕션 디자이너 스티브 필처의 〈메리다와 마법의 숲〉 첫 아크릴 페인팅.

3: 메리다
스티브 필처는 다른 환경마다 메리다의 붉은 머리카락을 어떻게 돋보이게 표현할지 정말 고민했다고 말한다. 스티브 필처의 아크릴과 디지털 아트워크.

4: 태피스트리
프로듀서 캐서린 사라피안Katherine Sarafian은 말한다. "태피스트리 디자인은 처음부터 정해져 있었어요. 영화의 모든 이야기가 함축되어 있죠." 스티브 필처의 디지털 아트워크.

1

2

3

4

루카

픽사의 스물네 번째 영화 〈루카〉는 이탈리아 리비에라의 햇볕이 따사로운 바닷가 마을을 배경으로 하는 2021년 개봉된 성장 영화다. 사실은 바다 괴물이지만 물이 없는 육지에서는 사람의 모습이 되는 십 대 소년 루카와 알베르토를 중심으로 이야기가 진행된다. 젤라토와 파스타, 스쿠터까지 이탈리아를 즐기며 여름을 보내는 동안 두 소년의 우정은 깊어 가고 한 인간 소녀와도 친구가 된다. 감독 엔리코 카사로사Enrico Casarosa는 영화 속에 아름답고 매력적인 이탈리아의 해변뿐 아니라 루카를 완전히 바꾸어 놓는 잊을 수 없는 여름 어드벤처가 담겨 있다고 설명했다.[32]

이 영화는 카사로사 감독의 첫 장편 영화로 단편 〈라 루나〉는 2012년 〈메리다와 마법의 숲〉과 함께 공개되어 아카데미상 후보에 올랐다. 카사로사 감독은 〈라따뚜이〉와 〈업〉 등에서 스토리보드 아티스트로 작업에 참여했다. 실제로 제노바에서 자란 카사로사 감독은 이 영화는 자신에게 큰 의미가 있다고 말했다. "매해 여름을 해변에서 보냈어요. 가장 친한 친구를 열한 살에 만났죠. 저는 부끄러움이 많은 아이였는데 이 말썽꾸러기 친구는 저랑 너무 달랐어요. 나를 성장하게 한 그런 우정에 대해 영화를 만들고 싶었어요."[33]

카사로사는 디즈니 클래식 〈인어공주〉는 물론이고 이탈리아 영화감독 프레데리코 펠리니Frederico Fellini와 일본 지브리 스튜디오의 공동 창업자이자 〈센과 치히로의 행방불명〉, 〈하울의 움직이는 성〉을 비롯한 다수의 작품을 감독한 미야자키 하야오Miyazaki Hayao에게서 많은 영감을 받았다. 제작진은 자료 조사를 위해 카메라와 스케치북을 들고 수백 년 된 마을들이 있는 이탈리아 북서부 친퀘테레로 떠났다. 이탈리아계 캐릭터 디자이너 디애나 마르시에제Deanna Marsigliese가 말했다. "친퀘테레를 돌아보며 영감을 찾으러 갔죠." 마르시에제는 이탈리아가 익숙함에도 불구하고 루카의 눈으로 다시 바라보고 관찰하며 설레는 기분을 느꼈다.[34] 마르시에제가 디자인한 초록빛 피부에 커다란 눈과 아가미를 가진 바다 괴물의 모습은 〈해양 괴물〉에서 영감을 받아 만들어졌고 〈셰이프 오브 워터: 사랑의 모양〉에 등장하는 순수하고 온화한 매력의 양서류 인간도 참고했다.

영화의 컨셉 자체는 다른 세계의 환상적인 이야기처럼 보이지만 〈루카〉의 핵심에는 사랑과 우정, 포용이 있다. "어린 시절의 우정이 앞으로 살아갈 방향을 정하기도 하죠." 카사로사는 말했다. "그 유대감이 〈루카〉의 중심을 이루고 있습니다."

작품 설명

1: 알베르토의 아지트에 있는 루카

천장을 뚫고 햇볕이 스며들고 있는 대니얼 로페스 무뇨스Daniel López Muñoz의 컬러 스크립트 디지털 페인팅. 무뇨스는 말한다. "기쁨과 슬픔, 두려움과 희망까지 지중해의 여름 햇볕은 아주 특별하고 순수한 온기와 생생한 컬러를 지니고 있어요. 궁극적으로 우리가 전달하고자 한 주제의 핵심이라고 할 수 있죠."

2: 바닷속 루카

물 위로는 사람의 모습, 물 아래로는 바다 괴물의 모습을 볼 수 있는 대니얼 로페스 무뇨스의 연필 작업 디지털 페인팅.

1

2

1: 발견의 항해
픽사의 스파크쇼츠Sparkshorts 단편 애니메이션 프로그램을 통해 애니메이션
계에 새로운 목소리와 접근법이 등장했다. 9분짜리 영화 〈루프〉는 말을
하지 못하는 자폐 소녀와 함께 카누를 타게 된 소년이 서로 소통하는 방법
을 찾아 나가는 과정을 보여 준다. 폴 아바딜라Paul Abadilla의 디지털 페인팅.

1

1: 발견의 항해
픽사의 스파크쇼츠Sparkshorts 단편 애니메이션 프로그램을 통해 애니메이션
계에 새로운 목소리와 접근법이 등장했다. 9분짜리 영화 〈루프〉는 말을
하지 못하는 자폐 소녀와 함께 카누를 타게 된 소년이 서로 소통하는 방법
을 찾아 나가는 과정을 보여 준다. 폴 아바딜라Paul Abadilla의 디지털 페인팅.

SECTION 7

단편 영화와 소형 스크린

처음부터 픽사의 예술가들은 대형 스크린과
소형 스크린을 통해 단편 영화의 예술성을 선보여 왔다.
이 작은 걸작들은 간결한 방식으로 온전한 이야기를 전달한다.

<토이 스토리>와 <카> 단편
오리지널 픽사 단편
스파크쇼츠
번외 이야기

〈토이 스토리〉와
〈카〉 단편

2000년 〈우주 전사 버즈〉를 시작으로 픽사의 캐릭터들이 텔레비전 세상으로 진출했다. 픽사가 컴퓨터 애니메이션으로 오프닝 시퀀스를 작업했고 디즈니 텔레비전 애니메이션에서 전통적인 2D 기법으로 65편의 대형 시리즈를 제작했다. 시리즈는 UPN과 ABC에서 방영되었고 이후에 비디오로도 출시되었다.

픽사는 2008년 〈카〉의 성공 후 〈카 툰〉이라는 이름 아래 단편 시리즈들을 공개했다. 첫 시리즈는 〈메이터의 놀라운 이야기〉로, 라이트닝 맥퀸과 마을 토박이 견인차 메이터가 등장한다. 믿기 힘들지만 그럴듯한 메이터의 과거 이야기를 라이트닝 맥퀸에게 들려주는 11편의 단편으로 구성되어 있다. 시리즈 중 존 래시터가 감독하고 롭 기브스Rob Gibbs와 빅터 나본Victor Navone이 공동 감독을 맡은 〈도쿄 메이터〉는 미국 내 극장에서 디즈니 〈볼트〉 시작 전에 상영되었다. 두 번째 시리즈는 〈래디에이터 스프링스 이야기〉로 〈카〉의 여러 캐릭터들이 등장한다. 4편 중 하나인 〈래디에이터 스프링스 500 1/2〉은 2015년 롭 기브스와 스콧 모스Scott Morse가 감독을 맡아 제작했다. 나머지 3편은 1분 정도의 길이여서 "짧은 단편"으로 불렸다. 2013년부터 2014년까지 디즈니 채널에서 방영되었다.

픽사는 〈토이 스토리 3〉 이후 2011년부터 〈토이 스토리 툰〉이라 불리는 단편 시리즈도 선보였다. 게리 라이스트롬Gary Rydstrom이 감독한 첫 번째 단편 〈하와이 휴가〉에서는 켄과 바비가 진짜 하와이가 아니라 장난감들이 보니의 침실에 꾸며 준 하와이에서 로맨틱한 휴가를 보낸다. 2011년 개봉된 〈카 2〉와 함께 극장에서 상영되었다. 〈작은 버즈 라이트이어〉는 앤거스 맥클레인Angus MacLane이 감독을 맡은 작품으로 버즈 라이트이어가 패스트푸드점 장난감인 작은 버전의 버즈를 만나게 되는 이야기다. 2011년 디즈니의 〈머펫 대소동〉과 함께 극장 상영되었다. 마크 월시Mark Walsh가 감독한 〈파티공룡 렉스〉는 공룡 렉스가 보니의 욕조에서 파티를 여는 내용으로 전자 음악 아티스트 BT가 음악을 맡았다. 2012년 〈니모를 찾아서〉 3D 재개봉 당시 함께 상영되었다.

스트리밍 애니메이션 시리즈 〈포키는 궁금한 게 많아요〉는 〈토이 스토리 4〉에 등장했던 사랑스러운 포크인 포키가 이해하기 어려운 개념인 돈이나 사랑, 시간, 치즈에 대하여 다른 장난감들에게 질문하는 내용을 담고 있다. 밥 피터슨이 감독을 맡았으며 디즈니+에서 2019년에 8편, 2020년에 2편이 공개되었다.

2013년과 2014년 픽사는 두 편의 텔레비전 스페셜을 방영했다. 앤거스 맥클레인이 각본과 감독을 맡은 〈토이 스토리: 공포의 대탈출!〉은 할로윈에 맞추어 제작된 22분짜리 이야기다. 길가 모텔에 머물게 된 장난감들이 무시무시한 일들을 겪게 되는 내용이다. 〈토이 스토리: 공룡 전사들의 도시〉는 스티브 퍼셀Steve Purcell이 각본과 감독을 맡았다. 원래 6분짜리 단편으로 기획했지만 20분 분량의 크리스마스 스페셜이 되었고 공룡 렉스와 트릭시가 활약한다.

①

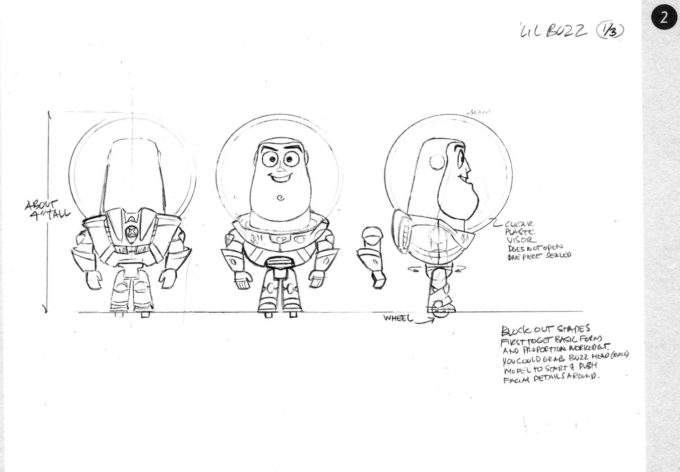

②

'LIL BUZZ ⅓

ABOUT 4" TALL

—SLANT

CLEAR PLASTIC VISOR DOES NOT OPEN ONE PIECE SEALED

WHEEL →

BLOCK OUT SHAPES FIRST TO GET BASIC FORM AND PROPORTION WORKED OUT. YOU COULD GRAB BUZZ HEAD (AREA) MODEL TO START & PUSH FACIAL DETAILS AROUND.

작품 설명

1: 사립 탐정 메이터

〈메이터의 놀라운 이야기〉 중 누아르 스타일로 사립 탐정 메이터의 이야기를 다룬 에피소드. 흑백으로 연출되었다.

2: Poultry Palace 버즈

〈작은 버즈 라이트이어〉의 앤거스 맥클레인 감독은 자신이 좋아하는 패스트푸드점 장난감에서 영감을 받아 〈작은 버즈 라이트이어〉를 제작했다.

맥클레인은 패스트푸드점 장난감들은 제대로 사랑받지 못한다는 느낌이 있다고 말한다. 밥 폴리Bob Pauley의 연필 작업.

오리지널 픽사 단편

영화가 새로운 예술 형태로 등장한 1890년대에는 모든 영화가 단편이었다. 요술 상자처럼 생긴 키네토스코프라는 장치를 통해 한 사람씩 짧은 토막 영상으로 실제 생활 모습이나 시사 관련 내용을 볼 수 있었다. 1910년대에 최초로 영화를 위한 영화관이 만들어졌고 조금 더 긴 영화들이 상영되었다. 본 영화가 시작되기 전에 단편 영화가 먼저 상영되었고 뉴스 영상이나 공연을 보여 주기도 했다. 1960년대에 들어서며 단편 영화 대신 영화 예고편이나 상업 광고가 나오기 시작했다. 하지만 단편은 계속해서 비주얼 아티스트들의 사랑을 받았고 픽사가 단편에 대한 관심을 다시 불러왔다. 픽사의 영화들은 극장 개봉 시 오리지널 단편을 먼저 보여 주고 시작된다.

1980년대 픽사의 초기 단편 영화들은 스토리텔링을 보여 주는 수단이자 새로운 기술과 소프트웨어를 선보이는 기회였다. 또한 제작자는 단편 영화를 통해 제작 능력을 한 층 더 발전시킬 수 있었다. 픽사의 전 회장 에드 캣멀은, "장편보다 단편 영화에서 훨씬 다양한 작업을 경험할 수 있기 때문에 제작에 있어 시야를 넓히는 좋은 훈련이 될 수 있죠."라고 했다.

픽사가 첫 장편 영화 〈토이 스토리〉에 매진하는 동안 단편은 잠시 뒤로 밀려나 있었다. 1998년 픽사의 첫 2세대 단편 〈제리의 게임〉이 〈벅스 라이프〉와 함께 공개되었다. 얀 핀카바 감독은 스스로를 상대로 체스 대결을 펼치곤 했던 할아버지의 모습에서 영감을 받았는데, 인간 캐릭터와 옷을 사실적으로 표현하는 픽사의 역량을 한 단계 끌어올렸다. 〈제리의 게임〉은 아카데미 단편 애니메이션상을 받았다.

픽사의 다음 단편인 랠프 에글스턴 감독의 〈새들의 이야기〉도 아카데미상을 수상했다. 2000년에 처음 공개된 후 2001년 〈몬스터 주식회사〉와 함께 개봉된 이 영화는 사이좋게 어울리지 못하는 큰 새 한 마리와 작은 새 무리의 이야기다. 아웅다웅하며 큰 새를 놀리다가 당황스러운 일이 벌어지고 만다. 이후로도 많은 작품이 아카데미상 후보에 올랐고, 아기 도요새가 바다에 대한 두려움을 이겨 내는 2016년 개봉작 〈파이퍼〉와 아들의 성장을 받아들이는 법을 배우게 되는 엄마를 보여 주는 2018년 개봉작 〈바오〉는 수상까지 이루어 냈다. 픽사의 단편 영화들은 굉장히 다양한 스타일로 제작되었고 전통적인 2D 애니메이션 기법을 활용하기도 했다. "단편은 픽사를 구성하는 DNA의 한 부분이죠. 우리의 시작점이었고, 우리가 성장하고 나아가면서도 늘 단편도 픽사와 같이 성장하기를 바랐어요."라고 래시터는 말했다.

작품 설명

1: 낮과 밤
2010년 〈토이 스토리 3〉 앞에 상영된 〈낮과 밤〉은 다름의 가치를 배워 가는 두 캐릭터의 이야기다. 픽사 작품으로는 드물게 두 캐릭터의 윤곽선이 수작업으로 진행되었고 선 내부의 장면들만 3D 애니메이션으로 구성되었다. 테디 뉴턴의 디지털 아트.

2: 파란 우산
2013년 개봉된 독일 출신 감독 사스치카 운셀드 Saschka Unseld의 〈파란 우산〉은 샌프란시스코 거리에서 본 우산에서 영감을 받아 만들어졌다. 파란 우산과 빨간 우산의 사랑 이야기는 대부분의 픽사 단편처럼 대사 없이 진행된다. 사스치카 운셀드의 디지털 페인팅.

3: 사원의 신
2015년 〈굿 다이노〉와 함께 개봉된 〈산제이의 슈퍼 팀〉에서는 힌두신을 슈퍼히어로로 상상해 본다. 감독 산제이 파텔 Sanjay Patel은 "서로 다른 신앙의 형태 때문에 아버지와 문화적 충돌을 겪으며 자라 온 경험"에서 영감을 받았다고 말한다. 산제이 파텔의 디지털 아트.

red   blue

스파크쇼츠

스파크쇼츠는 새롭고 창조적인 아이디어를 활발하게 공유하기 위한 픽사 스튜디오의 실험적인 스토리텔링 프로젝트다. 소규모 팀을 이루어 한정된 예산으로 6개월 안에 단편 애니메이션 영화를 만들게 된다. "아티스트들에게 다양한 기회를 제공하고자 만든 프로그램이에요. 누구나 특별한 이야기를 갖고 있죠." 개발 책임자 린지 콜린스Lindsey Collins의 설명이다.35) 픽사 애니메이션 스튜디오의 회장 짐 모리스Jim Morris는 이렇게 말했다. "스파크쇼츠는 새로운 이야기를 들려줄 사람을 찾고, 새로운 스토리텔링 기법을 모색하고, 새로운 제작 방식을 실험하기 위한 프로그램입니다. 픽사에서 시도해 본 적 없는 전혀 다른 영화들이죠."

크리스틴 레스터Kristen Lester가 감독을 맡은 스파크쇼츠 영화 〈펄〉은 핑크색 실뭉치 펄이 남자들만 가득한 사무실에서 일을 하게 되는 이야기다. 레스터는 애니메이션 업계에서 일을 막 시작했던 자신의 옛 경험에서 영감을 받았다. "같이 일하는 팀원 중에 저만 여자인 경우가 많았어요. 동료들과 가까워지고 싶어서 차라리 남자였으면 좋겠다고 생각하기도 했죠." 하지만 레스터는 픽사에서 일하는 동안 "여자로서 이 업계에서 일한다는 사실과 있는 그대로의 나 자신을 받아들이는 방법"을 배우게 되었고, 이 깨달음이 〈펄〉의 주제가 되었다. 2019년 시그라프에서 선보인 〈펄〉은 최고의 작품으로 선정되었고 엘 캐피탄 극장과 유튜브, 디즈니+에서 공개되었다.

〈스매시 앤 그랩〉은 미래 기관차의 기관실에서 과감하게 탈출을 시도하는 두 로봇이 등장하는 미니 액션 어드벤처 영화다. 브라이언 라슨Brian Larsen 감독과 제작진은 새로운 제작 방식을 시도했다. 애니메이터들이 모션 캡처 슈트를 입고 신체의 사실적인 움직임을 그대로 컴퓨터에 입력했다. 스토리보드 제작이나 로케이션 스카우팅에 있어 새로운 시각을 제공하는 방식이었다.

로사나 설리번 감독의 〈킷불〉은 픽사 작품으로는 드물게 영화 전체가 수작업 2D 애니메이션으로 제작되었다. 샌프란시스코 미션 지구를 배경으로 길고양이와 학대당하는 핏불이 보여 주는 의외의 우정

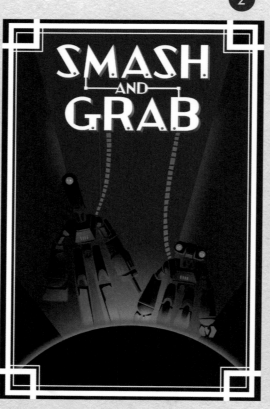

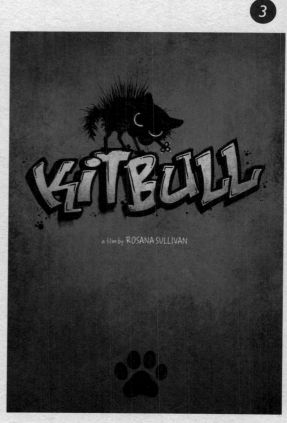

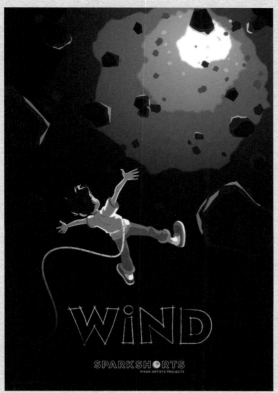

을 다룬다. 다른 스파크쇼츠 작품과 마찬가지로 보통의 픽사 영화보다 조금 더 깊은 주제를 다루고자 했으며 아카데미상 후보에 올랐다.

〈플로트〉의 각본과 감독을 맡은 바비 루비오 bobby Rubio는 자폐가 있는 아들을 생각하며 이 영화를 만들었다. 영화 속 아들은 하늘을 나는 능력을 갖고 있다. "난다는 건 시각적으로 아름다울 뿐이죠." 루비오는 말했다. 프로듀서 크리시 카바바 Krissy Cababa는 이렇게 설명했다. "자폐만이 아니라 다름을 가진 모든 아이들에 대한 영화입니다." 루비오에게 이 영화는 자신이 원하는 모습이 아닌, 아들의 모습을 있는 그대로 받아들이게 되는 변화에 대한 이야기다.

에드윈 장 Edwin Chang 감독의 〈윈드〉 또한 아주 개인적인 이야기다. 한국 전쟁을 피해 건너온 미국에서 아들 넷이 자리를 잡을 수 있도록 희생하며 길러 낸 할머니의 삶에서 영감을 받았다. 떠다니는 암석에 갇힌 소년과 할머니는 로켓을 만들어 탈출해야 하는데 장 감독은 영화 속 암석들이 '기회가 사라져 버린 폐허'를 상징한다고 설명했다.

에리카 밀섬 Erica Milsom이 감독한 〈루프〉에서는 말을 하지 못하는 자폐 소녀와 수다스러운 소년이 함께 카누를 타고 연못을 돈다. 밀섬은 영화에서 공유하는 언어가 없는 두 사람 사이의 공간을 다뤄 서로 소통할 수 있는 방법과 아주 사적인 언어를 조심스럽게 살피고 찾아내려고 한다. 스파크쇼츠 프로그램은 이제 시작 단계이며 더 많은 창의적이고 다양한 단편 영화들이 제작되고 있다.

작품 설명

1: 〈펄〉 포스터
정신없고 활기찬 남성 중심의 BRO 캐피털 사무실에 펄이 처음으로 들어서는 순간을 보여 주는 공식 포스터.

2: 〈스매시 앤 그랩〉 포스터
자유를 찾아 탈출하기로 결심한 두 로봇의 이야기를 다룬 〈스매시 앤 그랩〉의 독특한 SF 스타일이 잘 드러난 포스터.

3: 〈킷불〉 포스터
거친 그라피티와 손으로 휘갈긴 느낌이 두드러지는 〈킷불〉의 포스터에서 영화의 배경인 험난한 도시가 느껴진다.

4: 〈플로트〉 포스터
아들이 날 수 있다는 사실을 아빠가 더 이상 감추려 하지 않는 순간, 알렉스의 특별한 능력이 지닌 긍정성과 활기가 강조된 포스터.

5: 〈윈드〉 포스터
엘리스는 할머니와 연결된 채 떠다니며 두 사람이 살고 있는 미스터리한 싱크홀 꼭대기에서 들어오는 밝은 빛을 바라보고 있다.

6: 〈루프〉 포스터
함께 카누를 타게 된 르네와 마커스는 서로를 이해하고 소통하는 방법을 배워 간다.

번외 이야기

픽사는 영화 속 상상의 세계를 확장해 숨겨진 이야기나 새로운 모험을 담은 단편을 제작해 왔다.

단편 〈잭잭의 공격〉의 제작 아이디어는 원래 〈인크레더블〉 속 한 장면에서 나왔는데 영화에서는 편집되고 이후 단편으로 확장되었다. 브래드 버드가 각본과 감독을 맡았으며 베이비시터 카리가 다른 슈퍼 히어로 가족들이 사건을 해결하러 나간 사이 잭잭을 돌보는 이야기다. 2005년 출시된 〈인크레더블〉 DVD에 수록되었고 픽사 단편 애니메이션 컬렉션 Vol.1에 포함되어 있다.

〈번·E〉는 〈월·E〉 속 조연 로봇이 본편의 사건이 일어나는 동시간대에 겪게 되는 짧은 어드벤처를 다루며, 〈월·E〉의 장면들이 단편 속에 삽입되어 있다. 앤거스 맥클레인 감독은 〈월·E〉의 감독 앤드루 스탠턴, 데릭 톰프슨Derek Thompson과 함께 각본을 썼고 본편과 같은 시기에 완성했다. 2008년 〈월·E〉의 DVD에서 공개되었고 텔레비전으로도 방영되었다.

〈라일리의 첫 번째 데이트?〉는 〈인사이드 아웃〉 후반부에 잠깐 등장한 소년 조던이 함께 스케이트를 타러 가기 위해 라일리를 데리러 왔다가 라일리의 부모님을 만나게 되는 이야기다. 〈인사이드 아웃〉의 각본 작업에 참여했던 조시 쿨리가 감독과 각본을 맡았다. 쿨리는 마치 〈인사이드 아웃〉을 계속 보고 있는 느낌이 들도록 만들었다고 설명했다.[36] 〈라일리의 첫 번째 데이트?〉는 2015년 디즈니 공식 팬클럽 D23의 행사, 'D23 엑스포'에서 공개되었고 〈인사이드 아웃〉의 DVD에도 수록되었다.

MONSTER COUPE   MONSTER PARIS/DAKAR

피트 닥터와 로저 굴드Roger Gould가 감독한 〈마이크의 새 차〉에서는 설리가 실수로 마이크의 신상 자동차를 망가뜨리게 된다. 픽사 최초로 대사가 있는 단편 영화다. 2002년 〈몬스터 주식회사〉 DVD에 수록되었고, 아카데미 단편 애니메이션상 후보에 올랐다.

〈라따뚜이〉를 제작하며 생쥐 전문가가 된 제작진은 〈여러분의 친구 생쥐〉에서 그렇게 얻은 지식을 뽐내 보기로 했다. 레미와 에밀은 전통적인 수작업, 컴퓨터 애니메이션, 스톱 모션 등 다양한 스타일을 활용해 사람들이 싫어하는 쥐에 대한 사실들을 쥐의 관점에서 들려준다. 〈여러분의 친구 생쥐〉는 2007년 출시된 〈라따뚜이〉 DVD에 함께 실렸다.

영화 속 세계를 확장하는 또 다른 방법은 엔딩 크레디트가 진행되는 동안 보여 주는 아웃테이크(역자주: NG 등으로 인해 최종 편집 과정에서 잘려 나간 필름)다. 관객들은 마치 진짜 배우처럼 대사를 잊어버리거나 실수를 하는 캐릭터의 모습에 웃음을 짓게 된다. 〈벅스 라이프〉에서 처음으로 아웃테이크를 활용했는데 하퍼가 대사를 잊어버리거나 플릭이 농담을 하는 장면들이 포함되었다. 〈토이 스토리〉와 〈몬스터 주식회사〉에서도 엔딩 크레디트에 아웃테이크를 활용했다.

2

작품 설명

1: 몬스터의 자동차

공동 감독 로저 굴드는 〈마이크의 새 차〉의 핵심은 자동차라고 설명한다. 몬스터 세상의 차는 몬스터에 맞춰서, 좌석 조정만으로도 다양한 크기와 형태의 몬스터들이 모두 탈 수 있어야 한다. 굴드는 이러한 요소들을 반영하느라 미쳐 버릴 뻔했다고 덧붙였다. 게리 슐츠Gary Schultz가 종이에 연필로 작업한 드로잉.

2: 포키는 궁금한 게 많아요

〈토이 스토리 4〉에서 탄생한 캐릭터 포키가 웹 시리즈 〈포키는 궁금한 게 많아요〉의 주연으로 등장한다. 이 단편 시리즈에서 포키는 앤디와 보니의 장난감들에게 이해하기 어려운 개념들을 질문한다. "사랑이 뭐예요?"나 "예술이 뭐예요?"부터 "애완 동물이 뭐예요?", "치즈가 뭐예요?"까지 온갖 질문을 던진다. 앨버트 로자노Albert Lozano의 디지털 아트.

1: 설리반과 부
〈몬스터 주식회사〉에서 "설리반의 모습은 2년 동안 변화를 거쳐 만들어졌
어요." 감독 피트 닥터의 설명이다. "부의 이야기도 몇 차례 바뀌었죠. 아주
버릇없는 꼬마였다가 왈가닥 말괄량이였다가 여덟 살 남자아이였던 적도
있어요." 부는 두 살짜리 여자아이로 최종 결정되었다. 형광펜과 색연필로
작업한 질 컬턴Jill Culton의 콘셉트 아트.

SECTION 8

디테일의 세계

최종 프레임에 이르기까지, 콘셉트 아트부터 모형 제작,
눈 깜박하면 놓쳐버릴 수도 있는 디테일 등 픽사의 모든 영화는
애니메이터와 아티스트 팀의 땀의 결실이다.

타이틀 시퀀스와 엔딩 크레디트

픽사 영화의 타이틀 시퀀스와 엔딩 크레디트는 그 자체로 하나의 단편 영화라 볼 수 있다. 픽사는 컴퓨터 애니메이션으로 대표되지만, 많은 타이틀 시퀀스와 엔딩 크레디트를 다양한 2D 기법으로 제작해 왔으며 고유한 영상미를 명확하게 보여 준다.

애니메이터이자 일러스트레이터인 지프위 보도에의 컬러풀한 2D 타이틀 시퀀스를 보여 준 2001년 개봉작 〈몬스터 주식회사〉가 그 시작이었다. 보도에는 고전 애니메이션 영화의 클래식한 오프닝에 대한 오마주로 랜디 뉴먼의 활기찬 음악과 함께 미끄러지듯 춤추는 문, 몬스터의 입, 그리고 기어 다니는 뱀 등으로 시퀀스를 구성했다.

〈월·E〉는 짐 카포비앙코^{Jim Capobianco} 감독의 야심찬 엔딩 크레디트로 마무리된다. 동굴 벽화부터 고대 이집트 양피지 그림, 로마의 모자이크를 거쳐 인상주의까지 점진적으로 변화하는 예술 양식을 활용해 돌아온 인류가 다시 지구를 가꾸어 나가는 모습을 보여 준다. 카포비앙코는 말한다. "이전의 다른 영화들과 달리 이 엔딩 크레디트는 영화의 이야기를 마무리하기 위해 만들어졌어요. 인류가 무사할 거라는 메시지를 전달하는 거죠. 살아남는다는 것을요."[37]

〈인크레더블〉은 캐릭터 디자이너 테디 뉴턴이 제작한, 고전적인 1960년대 슈퍼 히어로들을 떠올리게 하는 2D 엔딩 크레디트로 영화를 끝맺는다.

작품 설명

1: 〈월·E〉
〈월·E〉 엔딩 크레디트에는 점묘법부터 후기 인상주의까지 다양한 미술 양식이 등장한다. 마지막 부분에서는 8비트 비디오 게임 스타일도 볼 수 있다.

2: 몬스터 주식회사
〈몬스터 주식회사〉의 타이틀 시퀀스 작업을 위해 제작한 지프위 보도에의 콜라주 콘셉트 아트.

3: 쾅!
1960년대에서 영감을 받은 〈인크레더블〉의 엔딩 크레디트는 "영화 속 3차원 그래픽을 2차원으로 표현한 것"이라고 촬영 감독 앤드루 히메네스^{Andrew Jimenez}는 설명한다. 앤드루 히메네스와 테디 뉴턴의 디지털 아트워크.

1

놀라운 디테일의 그래픽

책장에 꽂혀 있는 책등부터 모서리가 접혀 있는 침실 벽 포스터까지 픽사의 영화 속에 가득한 세밀한 디테일들은 매 장면을 확실히 진짜처럼 느껴지게 한다.

이 모든 디테일은 놀라울 만큼 정교하게 공들여 만들어진다. 〈토이 스토리〉 속 앤디의 침실 벽에는 앤디가 어릴 때 그린 그림들이 붙어 있고, 책장에는 픽사의 초기 단편들인 〈틴 토이〉, 〈레드의 꿈〉, 〈장식품〉을 제목으로 한 책들이 꽂혀 있다. 〈니모를 찾아서〉에 등장하는 치과 대기실에는 손때 묻은 잡지들이 비치되어 있는데 〈인크레더블〉이 개봉하기도 전이지만 미스터 인크레더블이 그려져 있는 만화책도 있다.

〈토이 스토리 2〉의 아티스트들은 빈티지 시리얼 상자, 장난감 광고, 보드게임, 입간판, 장난감 상자 등 풍성하게 구성된 복고풍 아트워크를 통해 〈우디의 가축몰이〉 시리즈를 보여 주었다.

〈인크레더블〉 속 밥의 서재에도 정교하게 제작된 아트워크가 가득하다. 〈업〉에 등장하는 먼츠의 신문 기사들과 〈몬스터 대학교〉의 몬스터들을 위한 대학 교재, 학교 깃발 등도 아티스트들의 노력으로 만들어졌다.

작품 설명

1과 2: 밥의 서재
〈인크레더블〉 속 밥 파르의 서재 벽을 채우기 위해 독특한 그래픽 작품들이 많이 제작되었다.
(1) 마크 홈스Mark Holmes와 글렌 킴Glenn Kim의 디지털 아트
(2) 마크 홈스의 디지털 아트

3: 엘리의 모험책
제작진은 〈업〉에 등장하는 엘리 프레드릭슨의 어린 시절 모험 책을 제작하기 위해 피트 닥터 감독의 딸 엘리에게 그림과 손 글씨를 부탁했다. "순수한 어린 시절의 느낌을 있는 그대로 책에 담고 싶었어요. 엘리가 아주 아름다운 작품을 만들어 줬죠. 어른들은 할 수 없는 일이었어요." 할리 제섭의 설명이다.

그림과 글씨 엘리 닥터, 제본 에릭 에번스Erik Evans, 그래픽 크레이그 포스터Craig Foster, 아트 디렉션 할리 제섭.

4: 어린 시절의 그림
침실 벽에 붙어 있는 앤디가 어릴 때 그린 그림들. 랠프 에글스턴 작업.

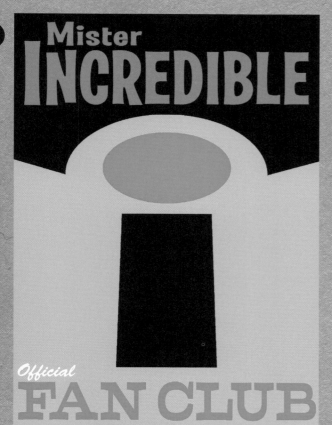

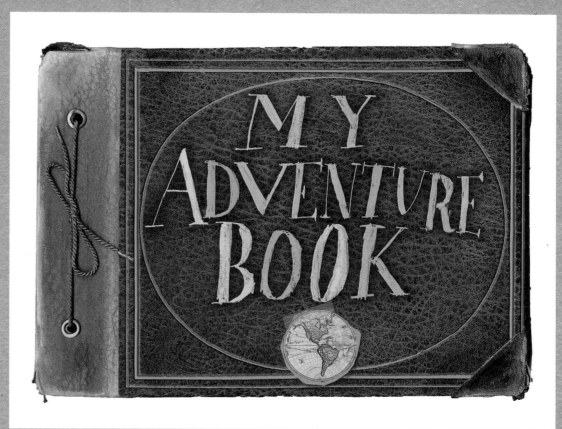

형태 만들기

픽사 제작진은 점토 등의 재료로 캐릭터와 세트, 소품의 모형을 만들어 형태를 더 효과적으로 시각화하거나 디지털 버전으로 변환하기도 한다.

모형에 점과 선을 표시하고 디지타이징 펜과 소프트웨어를 이용하면 하나하나씩 컴퓨터로 옮길 수 있다. 오늘날에는 스캐너를 이용하면 되지만 실물 모형은 픽사 스튜디오에서 여전히 중요한 역할을 한다. 슈퍼바이징 테크니컬 디렉터 빌 리브스는 말한다. "지금도 모형을 만들어요. 모든 캐릭터를 다 만드는 건 아니지만 형태의 3차원적인 특성을 파악하기에 아주 좋은 방법이거든요."[38]

손으로 그리는 전통적인 애니메이션에서는 애니메이터가 모든 각도에서 캐릭터를 그려 낼 수 있다. 하지만 컴퓨터 애니메이션의 최종 디지털 모형은 그런 방식의 조정이 쉽지 않다. 〈카 3〉의 모형 제작을 맡은 제롬 랜프트Jerome Ranft는 말한다. "일단 점토로 만들어 놓으면 모두가 볼 수 있고 숨겨져 있거나 달라질 부분도 없죠."[39]

작품 설명

1: 예티
제롬 랜프트가 우레탄 수지로 주조한, 스노 콘을 좋아하는 〈몬스터 주식회사〉의 예티 초기 모형.

2: 던브로 성
〈메리다와 마법의 숲〉 속 던브로 성은 켈트족과 바이킹족 등 다양한 문화를 참고하여 디자인했다. 넬슨 보홀Nelson Bohol이 점토와 나무로 제작한 모형.

3: 파르 가족
〈인크레더블〉의 애니메이터들은 켄트 멜턴Kent Melton이 제작한 이 우레탄 주조 모형들을 참조하며 작업했다.

4: 기쁨과 슬픔
캐릭터 아트 디렉터 앨버트 로자노는 "〈인사이드 아웃〉을 작업하며 디지털에는 손도 안 댔어요. 종이와 연필, 수채화 물감 등만 사용했고 심지어는 종이 모형을 만들기도 했죠."라고 말했다.

2

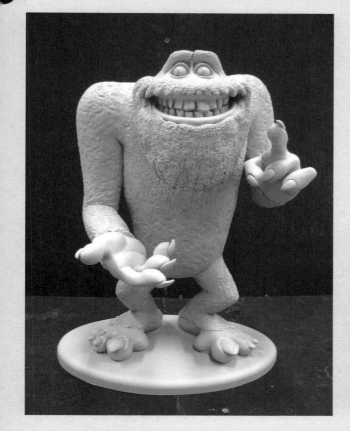

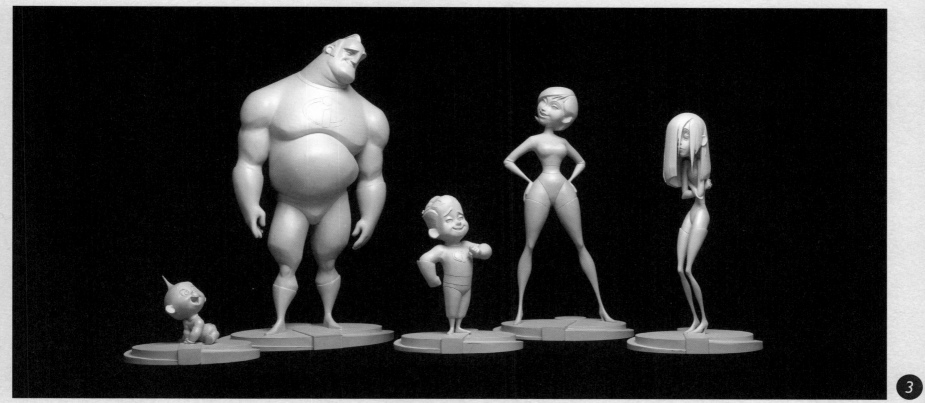

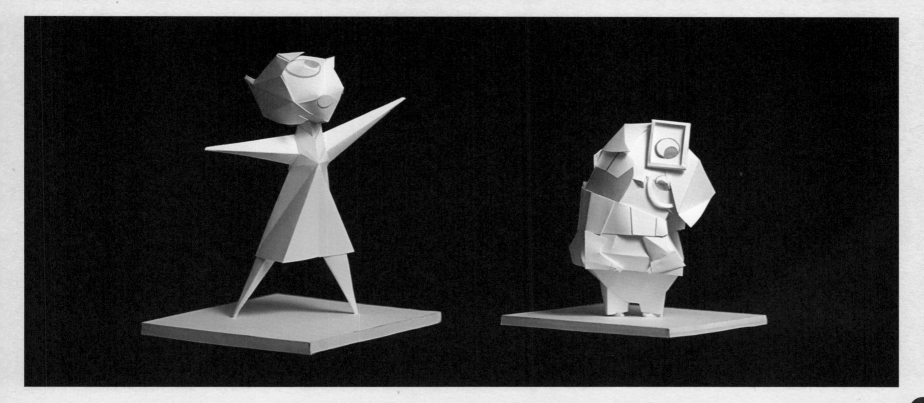

영화의 마지막 순간까지

모든 영화는 픽사의 제작진을 설레게 하고 궁금하게 만드는 새로운 아이디어에서 시작된다. 피트 닥터는 이렇게 설명했다. "어떤 콘셉트나 그냥 던져 본 농담, 새로운 기술, 감정, 살아오며 겪은 경험⋯⋯ 무엇이든 가능해요. 정해진 것은 없습니다."

스토리 아이디어와 시각적인 스타일, 영화의 콘셉트를 발전시켜 나가기 위해 아티스트들은 이야기의 느낌을 설정해 줄 영감이 되는 이미지들을 제작한다. 캐릭터와 배경, 소품의 형태를 잡아 가고, 어떤 컬러들을 사용할지 정한다. 새로운 관점을 제시하고 이야기에 힘을 실어 줄 외부 전문가나 협업 아티스트와 함께 작업하는 경우도 많다.

제작진의 의견이 모여 견고한 스토리 콘셉트가 정해지면 각본이 만들어지고 이 각본은 손으로 그린 일련의 스토리보드로 제작된다. 스토리보드는 영화가 만들어지는 동안 계속해서 수정된다. 감독은 시니어 제작자들로 구성된 '고문단'을 정기적으로 만나 제작 중인 작품에 대해 솔직한 코멘트를 듣는다. 스토리보드는 고가의 애니메이션 작업을 진행하기 전에 유지할 부분과 변경할 부분을 결정하는 데 큰 역할을 한다.

스토리보드는 영화의 설계도라고 할 수 있다. 물론 영화가 완성되는 동안 이야기는 끊임없이 변화하고 더 좋은 이야기로 나아간다. 영화의 마지막 순간까지, 픽사에서 무엇보다 중요한 것은 이야기다.

1

2

3

작품 설명

1: 스토리보드

〈인크레더블 2〉 스토리보드 패널 속 헬렌 파르(엘라스티걸). 테드 마토트 Ted Mathot, 브라이언 칼린 오코넬Brian Kalin O'Connell, 토니 퍼실Tony Fucile의 디지털 아트.

2: 빠르게 그리기

스토리보드는 매일 연속해서 수백 장씩 그려 내야 하기 때문에 캐릭터를 단순화하여 표현한다. 스토리보드 아티스트들은 매우 빠른 속도로 그림을 그리는 방법을 배운다. 마크 앤드루스의 〈토이 스토리 3〉 스토리보드 프레임.

3: 스토리보드 설명

스토리보드를 설명하고 있는 〈토이 스토리〉의 각본가를 그린 캐리커처. 켈리 애즈버리Kelly Asbury 작업, 티아 W. 크래터 채색.

1: 대학 도서관

〈몬스터 대학교〉 속 멋진 대학 도서관. 로버트 콘도의 디지털 아트워크.

픽사 애니메이션 스튜디오

SECTION 9

자료실

색인
참고 문헌

색인

참고문헌

1) Paik, K. 2007. To Infinity and Beyond! The Story of Pixar Animation Studios. San Francisco: Chronicle Books, pp. 21.

2) Paik, K. 2007, pp. 167.

3) 위의 책, pp. 58.

4) 위의 책, pp. 43.

5) 위의 책, pp. 83.

6) 위의 책, pp. 99.

7) 위의 책, pp. 90.

8) 위의 책, pp. 142.

9) 위의 책, pp. 184.

10) Paik, K. 2013. The Art of Monsters University. San Francisco: Chronicle Books, pp. 7.

11) Hauser T. 2008. The Art of WALL • E. San Francisco: Chronicle Books, pp. 11.

12) Robinson, T. 2008. "Andrew Stanton." The A.V. Club, 26 June. Available at: web.archive.org/web/20080908045321/avclub.com/content/interview/andrew_stanton

13) 2015. Inside Out Press Kit, pp. 3.

14) Poehler, A. and Docter, P. 2015. The Art of Inside Out. San Francisco: Chronicle Books, pp. 7. / 《The Art of 인사이드 아웃(디즈니 인사이드 아웃 아트북)》 아르누보, 2021

15) Lasseter, J. 2017. The Art of Coco. San Francisco: Chronicle Books, pp. 7. / 《The Art of 코코(디즈니 픽사 코코 아트북)》 아르누보, 2018

16) Romano, N. 2019. "Pixar bares its Soul in first look at film with Jamie Foxx and Tina Fey." Entertainment Weekly, 6 November. Available at: ew.com/movies/2019/11/06/pixar-soul-photo-jamie-foxx-tina-fey/

17) Paik, K. 2007, pp. 118.

18) 위의 책, 2007, pp. 125.

19) 위의 책, 2007, pp. 212.

20) Lasseter, j., Pilcher. S., et al. 2016. The Art of Finding Dory. San Francisco: Chronicle Books, pp. 9. / 《The Art of Disney Pixar 도리를 찾아서(디즈니 도리를 찾아서 아트북)》 아르누보, 2016

21) Hauser, T. 2009. The Art of Up. San Francisco: Chronicle Books, pp. 7. / 《The Art of 업(디즈니 픽사 업 아트북)》 아르누보, 2021

22) Lesnick, S. 2015. "The Good Dinosaur Story: Behind the Scenes at Pixar." ComingSoon.net, 8 October. Available at: comingsoon.net/movies/features/620701-the-good-dinosaur-story#/slide/1

23) Variety Staff. 2017. "D23: Pixar Announces Untitled Quest Movie Set in 'Suburban Fantasy World'" Variety, July 14. Available at: variety.com/2017/film/news/pixar-disney-untitled-suburban-fantasy-world-unicorns-d23-1202496455/

24) Nash, B. 2019. "With Onward, Pixar Once Again Wants To Help Us Find Magic In Our Everyday Lives." GQ, 3 June. Available at: gq.com.au/entertainment/film-tv/with-onward-pixar-once-again-wants-to-help-us-find-magic-in-our-everyday-lives/news-story/59d11be6bc6faa1a93e9bd0fef188ce9

25) Bell, C. 2017. "Pixar's new 'Suburban Fantasy' Sounds Like a Real Tearjerker." MTV News, 17 July. Available at: mtv.com/news/3025627/pixar-suburban-fantasy-film-dan-scanlon/

26) Falcone, D.R. 2019. "See Chris Pratt, Julia Louis-Deryfus & Tom Holland as Elves in Disney-Pixar's Onward: First Look!" People, 29 May. Available at: people.com/movies/chris-pratt-julia-louis-dreyfus-tom-holland-onward/

27) Paik, k. 2007. pp. 236.

28) 위의 책, pp. 245.

29) 위의 책, pp. 267.

30) 위의 책, pp. 12.

31) Lerew, J. 2012. The Art of Brave. San Francisco: Chronicle Books, pp. 8.

32) Grater, Tom. 2020. "Pixar Unveils Italy-Set Coming of Age Story 'Luca' From 'La Luna' Director & 'Lava' Producer." Deadline, July 30. Available at: https://deadline.com/2020/07/pixar-to-make-italy-set-coming-of-age-story-luca-with-la-luna-director-lava-producer-1202999431/

33) Travis, Ben. 2021. "Luca: The Inspiration Behind Pixar's Mythical Coming-Of-Age Adventure – Exclusive image." Empire, January 18. Available at: https://www.empireonline.com/movies/news/luca-pixar-mythical-coming-of-age-exclusive-image/

34) Inside Pixar, 2020. Deanna Marsigliese: The Art of the Pivot.

35) Deitchman, B. 2019. "You Have to Meet Purl, the Star of Pixar's Newest Short." D23, 4 February. Available at: https://d23.com/you-have-to-meet-purl-the-star-of-pixars-newest-short/

36) McKittrick, C. 2016. "'Is this the best story we can tell?' - Inside Out" Creative Screenwriting, 16 February. Available at: https://www.creativescreenwriting.com/is-this-the-best-story-we-can-tell-inside-out/

37) Ulloa, A. and Albinson, I. 2009. "WALL • E." Art of the Title, 22 June. Available at: artofthetitle.com/title/walle/

38) Fails, I. 2019. "Some Of Your Favorite CG 'Toy Story' Characters Actually Began As Clay Sculpts." Befores & Afters, 6 November. Available at: beforesandafters.com/2019/11/06/some-of-your-favorite-cg-toy-story-characters-actually-began-as-clay-sculpts/

39) Grafman, J. "Pixar's Clay Sculptor Shapes the World." AutoDesignO. Available at: https://autodesigno.com/pixars-clay-sculptor-shapes-the-world-pt-1/